Für die ganze Familie

50 Wasser Abenteuer

NUR KEINE WASSERSCHEU!

Im Wasserschloss Europas ist es ein Vergnügen nach Wassererlebnissen Ausschau zu halten. Das Land, in dem die grössten Ströme Europas entspringen, bietet im Wasser, am Wasser und auf dem Wasser alles, was die Herzen begehren. Wählen Sie zwischen der ruhigen beschaulichen Uferwanderung an der Emme oder dem abenteuerlichen Riverrafting auf der Rhone, zwischen der «spannungsgeladenen» Besichtigung der spektakulären Energiezentralen an der Grimsel oder der wissenschaftlichen Bestimmung seltener Moosarten im alpinen Hochmoor auf der Alp Flix. Und falls Ihnen unsere 50 Vorschläge nicht genügen, so nutzen Sie diese als Anregung, in der eigenen Umgebung verwandte Ausflugsmöglichkeiten auszuprobieren.

Viel Spass auf Ihren Entdeckungsreisen und ab und zu ein erfrischendes Bad wünscht Ihnen das Redaktionsteam der Zeitschrift «Revue SCHWEIZ», das dieses Buch für Sie zusammengestellt hat.

Touristische Regionenkarte der Schweiz

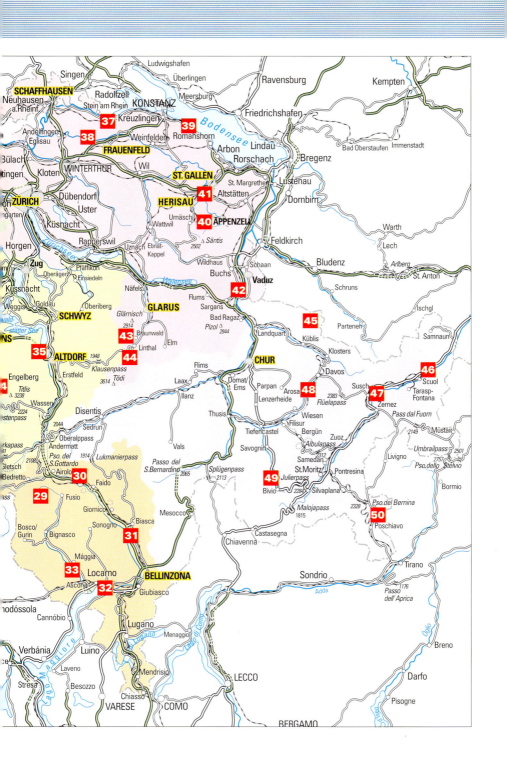

Inhalt

WESTSCHWEIZ

01	Genfer Amazonasträume	Rhonefahrt von Genf nach Verbois
02	Schloss, See und Schilf	Wanderung Montreux–Chillon–Bouveret
03	Römer, Röhricht, Ufertour	Velotour Avenches–Yverdon
04	Durchs Rote Moor	Moorpfad Les Ponts-de-Martel
05	Naturparadiese am Doubs	Lac des Brenets
06	An der Freiburger Riviera	Rebenweg am Mont Vully
07	Hochmoor im Jura	Etang de la Gruère

MITTELLAND / BASELBIET

08	Um Aareschlaufen radeln	Velotour Solothurn–Biel
09	Alles fliesst	Tour entlang der Emme
10	Durchgeschleust	Schleusenfahrt Rheinfelden–Basel
11	Staunen im Chessiloch	Durchs Kaltbrunnental
12	An der blauen blauen Aare	Velotour Brugg–Aarau
13	Rund um den Hallwilersee	Wanderung mit Badepausen
14	Industrie am Wasser	Industriekulturpfad Wettingen–Brugg
15	Grenzenloser Kunstgenuss	Skulpturenweg Kaiserstuhl/Hohentengen D

BERNER OBERLAND

16	Drachen gesichtet!	Thunersee-Schiffsfahrt
17	Der Ausflugssee	Spass am Oeschinensee, Kandersteg
18	Trommeln im Fels	Trümmelbachfälle Lauterbrunnen
19	Kunst am Bergsee	Holzskulpturen am Hinterburgseeli, Axalp
20	Durchs Berner Oberland	Velotour Meiringen–Thun
21	Tosende Unterwelt	Gletscherschlucht Rosenlaui
22	Swiss Power Wasserkraft	Grimsel-Stauseen

WALLIS

23	Steilanstieg zum Stausee	Lac d'Emosson
24	Tal der Schluchten	Vallée du Trient
25	Heisse Alpenquellen	Leukerbad
26	Eisige Pracht	Gletscherpavillon Mittelallalin, Saas Fee
27	Gletschertraum Aletsch	Überquerung des Aletschgletschers
28	Radeln am Rotten	Velotour durchs Goms

TESSIN

29	Im Schatten des Basodino	Stauseen auf Robiei
30	Fahrstuhl zum Himmel	Steilbahn zum Val Piora
31	Auf dem Ticino nach Süden	Schlauchbootfahrt nach Bellinzona
32	Auen, Ried und Schilf	Durch die Bolle di Magadino

ZENTRALSCHWEIZ

33 Granitland, Gletscher, See — Göscheneralp
34 Bergsee-Quartett — 4-Seen-Wanderung Engelberg–Melchsee-Frutt
35 Von Kanton zu Kanton — Weg der Schweiz
36 Mit Dampf und Muskelkraft — Vierwaldstättersee-Tour mit Schiff

OSTSCHWEIZ

37 Immer mit dem Strom — Rheinschiffsfahrt Konstanz–Schaffhausen
38 Thur-Tour — Mit dem Boot von Warth bis Eglisau
39 Drei-Länder-Kreuzfahrt — Mit dem Schiff über den Bodensee
40 Barfuss durch Bergmatten — Barfussweg Gontenbad
41 Über 18 Brücken gehen — St. Galler Brückenweg
42 An Rhein und Bodensee — Velo/Skate-Tour Sargans–Konstanz
43 Versteckte Schönheit — Bergetenseeli Braunwald
44 Gebändigte Wasserkraft — Zum Stausee Limmernboden

GRAUBÜNDEN

45 Ruderpartie auf 1870 m ü. M. — Partnunsee ob St. Antönien
46 In einem Zug ins Bad — Im Aqualino zum Bogn Engiadina Scuol
47 Verstecktes Macun — Nationalpark-Erweiterung Seenplatte Macun
48 Im Gesteinsgarten — Zügenschlucht Davos
49 Verflixt schön(!) — Alp Flix im Oberhalbstein
50 Blaues Wunder Saoseo — Im Val di Campo

Impressum

© 2002 Rothus AG, Grafik und Verlag, 4501 Solothurn
Redaktion Revue SCHWEIZ, Solothurn: Ruth und Konrad Richter Michel, Peter-L. Meier, Christa Mühlemann
Lektorat Rothus Verlag, Solothurn
Übersetzungen Artrad, Carouge
Karten Atelier Walter Mühlethaler
Grafik, Layout Rothus Grafik, Solothurn
Alle Angaben ohne Gewähr, Änderungen vorbehalten.
ISBN 3-9521908-5-3

Revue SCHWEIZ
Das Magazin für Reisen, Kultur und Natur

berichtet achtmal jährlich über Schweizer Regionen abseits touristischer Trampelpfade. Prachtvolle Bildreportagen schmücken die interessanten Berichte und präsentieren viel Unbekanntes und Geheimnisvolles aus der Schweiz.

Jahresabonnement,
8 Ausgaben, CHF 69.–

Ihr Willkommensgeschenk:
Alle Neuabonnentinnen und Neuabonnenten erhalten als Geschenk das Buch «80 schönste historische Bauwerke» von Pablo de la Riestra im Wert von CHF 24.–!

GOTIK
Die gotische Architektur in der Schweiz

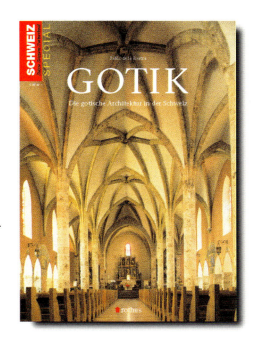

Zum ersten Mal erscheint in der Schweiz ein umfassendes Werk zum Thema Gotik: Die gotische Architektur in der Schweiz.

Der Autor Dr. Pablo de la Riestra erarbeitete ein umfangreiches Werk, wie es in dieser Art und Weise in der Schweiz noch nie publiziert wurde. Seine wissenschaftlich fundierten, exakten und liebevoll ausgearbeiteten Texte, Illustrationen und Fotografien lassen die Leserinnen und Leser einen Teil der unglaublichen architektonisch-kulturellen Vielfalt der Schweiz miterleben.

... Seiten
...×297 mm
Preis CHF 48.–
ISBN 3-9521908-2-9

Bestellkarte

☐ gerne bestelle ich ein «Revue SCHWEIZ»

☐ Schnupperabonnement, 3 Ausgaben für CHF 20.– statt CHF 38.40 im Einzelverkauf
☐ 1-Jahresabonnement, 8 Ausgaben für CHF 69.–
☐ 2-Jahresabonnement, 16 Ausgaben für CHF 118.– statt CHF 138.–

☐ Als Willkommensgeschenk erhalte ich das Buch
«80 schönste historische Bauwerke der Schweiz», im Wert von CHF 24.–

☐ gerne bestelle ich folgende Titel aus der Reihe «SCHWEIZ special»

☐ Gotik – Die gotische Architektur in der Schweiz, CHF 48.–
☐ Wunderbare Schweiz, Exciting Switzerland, Passionnante Suisse, CHF 29.80
☐ 80 schönste historische Bauwerke der Schweiz, CHF 24.–

Vorname, Name

Strasse, Nr.

PLZ, Ort

Telefon   Datum, Unterschrift

Entdecken Sie die Schweiz.

Weitere Titel aus der Reihe «SCHWEIZ special»

**Wunderbare Schweiz
Exciting Switzerland
Passionnante Suisse**

Das faszinierende Bilderbuch über die Schweiz. Zusammengestellt aus den schönsten Reportagen der «Revue SCHWEIZ». 80 prachtvolle Farbbilder bringen Sie in die schönsten Regionen. Reisetipps, Übersichtskarten und viele Adressen im Infoservice erweisen Ihnen gute Dienste auf der Entdeckungsreise.

92 Seiten
210×297 mm
Preis CHF 29.80
ISBN 3-9521908-1-0
Übersetzt in drei Sprachen (D, F, E)

80 schönste historische Bauw‌ der Schweiz

Die Schweiz verfügt üb‌ hunderte von wertvoll‌ historischen Gebäuder‌ Davon hat Dr. Pablo d‌ Riestra aus der ganzer‌ Schweiz die «80 schör‌ historischen Bauwerke‌ ausgewählt.
Erleben Sie die abwec‌ lungsreiche, kulturhist‌ Reise durch die Schwe‌

76 Seiten
210×297 mm
Preis CHF 24.–
ISBN 3-9520410-6-8
Übersetzt in drei Sprache‌

Nicht frankiere‌
Ne pas affranc‌
Non affrancar‌

Geschäftsantwortsendung   **Invio commerci‌**
Correspondance commerciale-réponse

Rothus Verlag
Rathausgasse 20a
4501 Solothurn

Genf

01

GENFER AMAZONASTRÄUME

Genf – das bedeutet elegantes Shopping, internationale Organisationen, Museen, kosmopolitische Grossstadt-Atmosphäre, Parkanlagen, der Jet d'Eau. Dass Genf jedoch in einem kleinen ländlichen Kanton liegt und die Rhone knapp 2 Kilometer unterhalb des Pont du Mont-Blanc fast zum Dschungelfluss wird, ahnen die wenigsten. Eine Kreuzfahrt zeigt das andere Gesicht der Stadt.

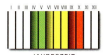

Genf

Keine Schweizer Stadt geniesst so grosses internationales Ansehen und hat einen solchen weltweiten Bekanntheitsgrad wie Genf, das fast eine Nation für sich scheint, abgehoben vom Rest der Welt. Und tatsächlich herrscht an der Südwestspitze des Genfersees, zwischen Jurakamm im Nordwesten und den letzten Ausläufern der Savoyer Alpen im Südosten ein ganz spezieller Geist, gleichermassen beeinflusst durch französische Eleganz und gut eidgenössische Verlässlichkeit. Wechselvoll ist die Geschichte des Stadtstaates: Vor etwas mehr als 4500 Jahren siedelten erste Bauern am Ufer, später bemächtigten sich die Römer des keltischen Oppidum. Genf war Hauptstadt der Burgunder, gehörte den Franken, dem Heiligen Römischen Reich Deutscher Nation, den Savoyern, den Franzosen und zählt seit 1814 zur Eidge-

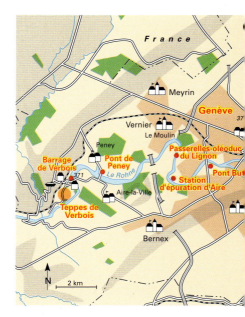

Ursprüngliche Rhonelandschaft

SERVICE

ANREISE: Mit der Bahn nach Genf (KB 150). Vom Bahnhof CFF Cornavin ca. 10 Minuten zu Fuss bis zum Quai des Moulins auf der Pont de l'Ile.

SCHIFFFAHRT: In der Hauptsaison (1. Juni bis Mitte September) täglich um 14.15 Uhr sowie Mi, Do, Sa und So zusätzlich um 10 Uhr. Im Frühling Sa/So um 10 Uhr, Mi, Do, Sa und So um 14.15. In der Nebensaison (1. bis 30. April u. 1. Okt. bis 1. Nov.) jeweils Mi, Do, Sa und So 14.15 Uhr. Fahrtdauer 2 Stunden 45 Minuten (Hin- und Rückfahrt bis Verbois). Erwachsene Fr. 22.–, Kinder Fr. 15.–. Reservation obligatorisch.

WEITERWANDERN: Bei der Endstation Verbois ins Naturschutzgebiet Teppes de Verbois, 2001 ganz neu mit Wegen und Beobachtungsstationen gestaltetes Naturbiotop auf dem Brachland der ehemaligen Rhoneschlaufen, mit Teichen und Waldpartien.

VERPFLEGUNG: Buvette bei der Wendestation Verbois.

AUSKUNFT: Mouettes Genevoises Navigation, 8, Quai du Mont-Blanc, 1201 Genève, Tel. 022 732 29 44.

AUSKUNFT REGION: Office du tourisme de Genève, Rue du Mont-Blanc 18, 1211 Genève, Tel. 022 909 70 70, www.genevetourisme.ch

Turbine bei Verbois

Pont Butin

nossenschaft. In Genf lehrte Calvin, aus Genf stammte Jean-Jacques Rousseau, hier wurde 1865 das Rote Kreuz gegründet, fanden 1920 der Völkerbund und 1945 die UNO ihren europäischen Sitz.

DAS IST DAS BEKANNTE Genf, das jederzeit einen ausgiebigen Besuch lohnt. Doch sollte man neben den Museen und internationalen Organisationen eine ganz spezielle Tour ins Besuchsprogramm integrieren: eine Fahrt auf der Rhone bis zur Staumauer von Verbois. Mitten in der Stadt beginnt die Reise. Eingestiegen wird am Quai des Moulins auf der Pont de l'Ile. Häuser, Fabriken, Strassen säumen das Ufer. Rechts taucht das Flusskraftwerk «Forces Motrices» auf, 1888 an Stelle eines früheren Bades errichtet. Da am Sonntag gleichviel Energie produziert wurde wie werktags, aber die Fabriken sie nicht brauchten, kamen die Betreiber der «Forces Motrices» auf eine nette Idee: Die überschüssige Energie schleuderte eine Wasserfontäne in den Genfer Himmel – der Vorläufer des Jet d'Eau, der 1891, zum 600-Jahr-Jubiläum der Eidgenossenschaft, an seinen jetzigen Platz verlegt wurde.

Was noch?

Genf

DANN IST DIE STADT PLÖTZLICH verschwunden. Die Arve fliesst braun in die blaue Rhone. Das Ufer wird steil, links und rechts Klippen, am Ufer Kiesbänke, Schwemmholz. Reiher und Kormorane stehen sich auf blank gewaschenen Baumstämmen die Beine ins Gefieder. Enten suchen im Uferdickicht nach Futter. Die Rhone schlägt Haken und gibt sich als Dschungelfluss. Auf einem grossen Stein haben sich Schildkröten in die Sonne gelegt. Ist Genf wirklich nur 8 Kilometer entfernt? Ja, stellt man gleich um die nächste Schleife fest: zuerst die Kläranlage, dann wie eine Mauer die gigantischen Wohnblöcke der Siedlung «Le Lignon» über den Sandsteinfelsen der Uferböschung. In direkter Nachbarschaft hausen hier Tausende von Menschen, Fuchs und Dachs, Eisvogel und Flussseeschwalbe. Dann wird es wieder beschaulich. Fischer stehen am Ufer. Kanuten trainieren gegen die Strömung. Dichte Schilfgürtel bilden den Übergang zwischen Wasser und Land und aus dunklen Seitentälern fliessen schmale Bäche. Das Ufer wird flacher und alte Bürgerhäuser tauchen auf Hügelkuppen auf. Dann fängt die Nase wieder den Geruch der Zivilisation ein: die Müllverbrennungsanlage von Cheneviers, mit Anlieferungssteg. Ein hässlicher Anblick. Doch zum Glück gleitet die Mouette schnell vorbei und bis zum Damm von Verbois säumt wieder Natur pur den Fluss. Ein Schwarzer Milan dreht seine Runden und nichts behindert die freie Sicht auf die Alpen. Genf, die Welt und ihr Trubel sind weit weg.

 Das noch!

STOLZE FLOTTE

Die Rhonekreuzfahrt auf einer «Mouette» ist ein ungewöhnliches Erlebnis. Eine Genfersee-Kreuzfahrt auf einem der stolzen Dampfschiffe der grossen CGN-Flotte ebenfalls. «Wilhelm Tell» hiess das erste Schiff, das 1823 in Genf vom Stapel lief, inzwischen gehören 16 Schiffe, davon 5 Raddampfer und 3 mit Diesel betriebene Schaufelradschiffe aus der «Belle Epoque» zur Compagnie generale de Navigation sur le lac Léman. Sie sorgen für einen regelmässigen Linienverkehr über den ganzen See und zwischen der schweizerischen und der französischen Küste. 582 Quadratkilometer Wasserfläche zwischen Alpen und Jura, Weinbergen, Schlössern, Städten und Dörfern fordern heraus zum vergnügten Schiffsbummeln.
AUSKUNFT: Bureau CGN, Jardin Anglais, 1204 Genève, Info-Line 0848 811 846, www.cgn.ch

Der Jet d'eau

Chillon VD – Bouveret VS

02

SCHLOSS, SEE UND SCHILF

Eine kontrastreiche und reizvolle Landschaft erwartet Wanderer, die von Montreux aus via Schloss Chillon und dem Naturschutzgebiet Les Grangettes im Rhonedelta nach Bouveret gelangen. Hektik und Hotelpaläste in Montreux, Touristengewusel in Chillon, der Weg neben Autobahn und Zuggeleise, die Altstadt von Villeneuve – und dann die Ruhe im urwüchsigen Dschungel des Rhonedeltas.

KULTUR

FAMILIE

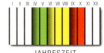
JAHRESZEIT

ABENTEUER

Chillon VD – Bouveret VS 02

Mitten im quirligen Montreux beginnt die Wanderung. Vielleicht fühlt man sich in Wanderkleidung auf der gepflegten Seepromenade etwas deplatziert. Aber das Ziel ist ja nicht die Teestunde im Luxus-Hotel Montreux-Palace, im Tourismus-Boom zu Beginn des 19. Jh. erbaut, als alle Welt mit Geld nach Montreux strömte und der Kurort eine der feinsten Adressen in Europa war. Erstes Ziel ist das weltberühmte Schloss Chillon, erbaut, wo der steile Ausläufer des Rochers de Naye das Ufer zu einem schmalen Streifen verengt. Wer dieses Uferstück unter Kontrolle hatte, kontrollierte den Verkehr zu Wasser und zu Land ins Wallis und über den Grossen St. Bernhard nach Italien.

WALLISER BISCHÖFE liessen auf der kleinen Felsinsel am Ufer im 10. Jh. einen Wehrturm errichten, der im 12. Jh. unter den Sa-

Rebberge im Lavaux

SERVICE

ANREISE: Mit den SBB, der MOB (KB 100, 120) oder der Genfersee Schifffahrtgesellschaft (KB 3150), von Bouveret mit dem Schiff zurück nach Montreux (KB 3151).
WANDERROUTE: Montreux – Schloss Chillon – Villeneuve – Rhonedelta – Le Bouveret; Zeitaufwand ca. 4 Stunden, einfacher, ebener Weg (ohne Besichtigung Schloss Chillon).
KARTE: Landeskarte der Schweiz 1:25 000, Blatt 1264 «Montreux».
ÖFFNUNGSZEITEN: Schloss Chillon: täglich (ausser 1.1. und 25.12) April bis September 9–18 Uhr, März und Oktober 9.30–17 Uhr, Jan./Febr. und Nov./Dez. 10–16 Uhr.
AUSKUNFT CHILLON: Schloss Chillon, 1820 Veytaux, Tel. 021 966 89 10, www.chillon.ch
VERPFLEGUNG: Restaurants in Montreux, Territet, Schloss Chillon, Villeneuve, Campingplatz Gran Canal, Bouveret.
STRANDBÄDER: Plage de Chillon in Veytaux, Les Marines, Villeneuve (Restaurant), Bouveret.
AUSKUNFT REGION: Montreux Tourisme, Rue du Théatre, 1820 Montreux, Tel. 021 962 84 84, www.montreux.ch.
EXTRATIPP: Mit Kindern nicht nur eine Schifffahrt, sondern auch einen Besuch im sehr schön gestalteten Swiss Vapeur Parc (Miniaturschweiz mit Kleinbahnen) in Le Bouveret einplanen. www.swissvapeur.ch

Swiss Vapeur Parc

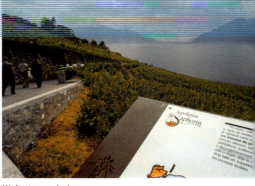

Weinstrasse in Lavaux

voyern, die ihre Vorherrschaft über den Genfersee gegen Berner Ansprüche verteidigten, zur Festung ausgebaut wurde. Im 13. Jahrhundert erweiterte Peter II. von Savoyen den Bergfried um zahlreiche Bauten und den berühmt-berüchtigten Kerker, den Lord Byron in seinem 1817 geschriebenen Gedicht «Der Gefangene von Chillon» verewigte. In diesem Kerker schmachtete von 1530 bis 1536 François de Bonivard, Abt aus Genf, der gegen die Savoyer aufgemuckt hatte. Befreit wurde er erst, als die Berner 1536 Chillon eroberten und die Savoyer vertrieben. Das tragische Schicksal des Gefangenen und die romantische Schlossanlage waren Traumstoff für Romantiker. Byron löste mit seinem Gedicht eine Besucherlawine aus, die bis heute nicht nachgelassen hat. Deshalb sollte man für den Besuch des Schlosses genug Zeit planen und die Nebensaison wählen. Die Anlage besteht aus 25 Gebäuden plus dem Kerker mit der Säule, an die Bonivard 6 Jahre gekettet war.
ANGENEHM IST ES, nach der Düsternis des Schlosses am Ufer zu wandern und seinen Blick über den See streifen zu lassen. Am gegenüberliegenden Ufer erheben sich die dicht bewaldeten Hänge des Chablais über den französischen Uferdörfern, im Dunst über der hellen Fläche des Sees nur als verschwommene Farbtupfer erkennbar. Und direkt im Süden, über dem Rhonedelta,

Was noch?

Chillon VD – Bouveret VS 02

Montreux-Palace

ragen dunkel und zackig die Dents du Midi in den Morgenhimmel. Eine Landschaft für Schwärmer. Wenn nur der Lärm von Zug und Autobahn nicht wären, die allzu nahe am Uferweg nach Villeneuve vorbeiführen. Dieses Städtchen war einer der wichtigsten Häfen der Savoyer gewesen. Von hier waren ihre Galeeren in den See gestochen, hier wurden im Mittelalter Waren von Schiffen auf Maultiere geladen und später die Pferde der Postkutschen gewechselt. Dann änderten sich Transportmittel und Verkehrswege und Villeneuve fiel in einen Dornröschenschlaf.

NICHTS VON SCHLAF ist beim Weiterwandern durch das Rhonedelta zu spüren. Überall quakt und zirpt es. Die Schilf-, Sumpf- und Riedflächen zwischen Rennaz und Bouveret sind ein Zugvogel-Rastplatz und Amphibienstandort von internationaler sowie eine geschützte Moorlandschaft von nationaler Bedeutung. Flurnamen wie «Les Iles» stammen noch aus der Zeit, als Kies- und Sandbänke wie Inseln aus dem Fluss ragten. In Les Grangettes, dem Naturschutzgebiet zwischen der Mündung der «Eau Froide» und dem Grand Canal, brüten rund 70 Brutvogelarten im dichten Dschungel aus Birken, Weiden, Erlen, Schilf und Schachtelhalm. Gelbe Iris, Knabenkraut, Sumpfgladiolen setzen Farbtupfer. Dann wird der Rhonekanal überquert, der Fluss liegt fest eingepackt zwischen Dämmen. Jetzt wandert man im Kanton Wallis weiter, an Weihern und Tümpeln vorbei nach Le Bouveret, wo ein Abstecher an die Plage einen vergnüglichen Abschluss der Wanderung bildet.

 Das noch!

WASSERPLAUSCH IM AQUAPARC

Wenn Wetter und Wasser für Freibäder im See noch nicht oder nicht mehr warm genug sind, taucht die Familie am besten ein in die Wasserwelt des Aquaparcs bei Le Bouveret. Die Anlage, 1999 mit dem Anspruch eingeweiht, Karibikstimmung am Genfersee zu schaffen, verfügt über das ganze Spektrum wassersportlicher Spasseinrichtungen: Rutschbahnen, Schatzinseln, Piraten, Grotten, Wellenbäder, Dschungel, Sauna, Solarien und so weiter. Alle Altersgruppen und alle Familienmitglieder werden hier auf ihre Rechnung kommen. Geöffnet täglich von 10–22 Uhr. Eintritt Erwachsene Fr. 34.–, Kinder Fr. 26.–, Wochenende und Feiertage Erwachsene Fr. 35.–, Kinder Fr. 28.–

AUSKUNFT: Aquaparc, 1897 Le Bouveret, Tel. 024 482 00 00, www.aquaparc.ch

Avenches FR – Yverdon VD

03

RÖMER, RÖHRICHT, UFERTOUR

Geschichte von den Pfahlbauern über die Römer bis ins Mittelalter, garniert mit einem Tipidorf. Landschaft von Äckern, Weiden, Reben und Wäldern bis zu Sumpfgürteln, Schilf und See. Verträumte Landstädtchen und trutzige Burgen.

Und Spass von gemütlichem Velobummeln über sausende Abfahrten bis zum Dolcefarniente am Sandstrand. Das und mehr bietet die Velotour von Avenches nach Yverdon-les-Bains.

KULTUR

ABENTEUER

FAMILIE

JAHRESZEIT

Avenches FR – Yverdon VD 03

Für einmal wird die Zeitenfolge umgedreht. Nicht die Pfahlbauer, sondern die Römer stehen am Anfang dieses Ausflugs. Avenches, heute eine freundliche Kleinstadt mit mittelalterlichen Gassen, Renaissance-Schloss und stattlichem Hôtel de Ville, zählte als Hauptstadt des römischen Helvetiens im 1. und 2. Jh. 20 000 Einwohner. Von der ehemaligen Bedeutung des römisch-helvetischen Aventicum zeugen Überreste der Stadtmauern, das restaurierte Osttor und das Amphitheater, das zu seiner Blütezeit 12 000 Zuschauer fasste. Für einen Spaziergang durch das römisch-mittelalterliche Avenches sollte man sich Zeit nehmen, doch dann heisst es los, der Bahnlinie entlang Richtung Murten, über die Autobahn und kurz vor dem Murtensee Richtung Salavaux. Nach der Broye-Brücke führt ein Weg zum Fuss des Hügels, auf

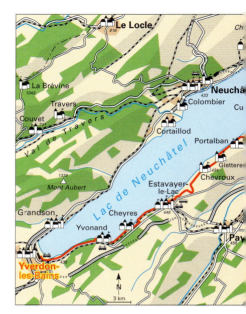

Estavayer-le-Lac

SERVICE

ANREISE: Mit der Bahn nach Avenches (KB 251), von Yverdon gute Verbindungen in die Ost- und die Westschweiz (KB 210).

VELOMIETE: Am Bahnhof Avenches, Tel. 026 675 11 06 oder online www.rent-a-bike.ch

ROUTE: Avenches – Constantine – Montmagny – Chabrey – Portalban – Chevroux – Estavayer-le-Lac – Châbles – Cheyres – Yvonand – Yverdon-les-Bains. Gesamtstrecke 56 km, Zeitbedarf 1 Tag. Zu Beginn einige Steigungen.

KARTE: Spezialkarten «Bike Broye», Offizieller Routenführer Veloland Schweiz, Band 2, Route 5, Velokarte VCS/Kümmerly+Frey, 1:60 000, Blatt Neuchâtel-Pontarlier, Trois Lacs.

VERPFLEGUNG: Kein Problem, in allen Dörfern am Ufer gibt es Restaurants, in den Bädern Kioske.

AUSKUNFT REGION: Verkehrsbüro Avenches, Place de l'Eglise 3, 1580 Avenches, Tel. 026 676 99 22, www.avanches.ch, und Verkehrsbüro Yverdon-les-Bains, Place Pestalozzi, 1400 Yverdon-les-Bains, Tel. 024 423 62 90, www.yverdon-les-bains.ch/tourisme.

TIPP: Unter dem Namen «Bike Broye» bieten die Tourismusorganisationen des Broye-Tals sowohl eine Mappe mit 20 Vorschlägen zu Velotouren in der Region an, aber auch spezielle «Bike-Broye»-Pauschalangebote mit Unterkunft, Velomiete, Gepäcktransport und freien Museumseintritten. Auskunft: Verkehrsbüro Avenches, Place de l'Eglise 3, 1580 Avenches, Tel. 026 676 99 22, www.avenches.ch

Römermuseum Avenches

dem das Dorf Constantine liegt. Vielleicht gerät man ein bisschen ausser Atem, aber eine Pause ist ohnehin angesagt, denn die Aussicht lässt jede Anstrengung vergessen: Das leicht gewellte Broyetal, der Murtensee und die Alpenkette breiten sich vor einem aus, im Norden der Neuenburgersee und der Jura. Es braucht nochmals etwas Puste bis Montmagny, dann aber geht es in Sausefahrt hinunter nach Chabrey, wo man auf die Route 5 von Veloland Schweiz trifft und dieser bis Yverdon folgt.

DAS UFER IST NUN erreicht und eine der sieben Naturschutzzonen der Grande Cariçaie, des breiten Schilf-, Sumpf- und Auenwaldgürtels im Süden des Neuenburgersees. Die grösste und bedeutendste Sumpflandschaft der Schweiz ist, Ironie der Geschichte, eine Kunstlandschaft, die durch die Juragewässer-Korrektur im 19. Jh. entstand. Damals fiel der Wasserstand um 3 m und auf dem Neuland entwickelte sich innerhalb kurzer Zeit ein faszinierendes Feuchtbiotop zwischen Wasser und Land. Zurück in die Jungsteinzeit radelt, wer bei

Was noch?

Avenches FR – Yverdon VD

Yverdon

Gletterens die Abzweigung «Village lacustre» wählt. Wo vor 5000 Jahren Pfahlbauern siedelten, sind heute ihre Häuser nachgebaut.
ESTAVAYER-LE-LAC ist die nächste Station. Zuerst ein Rundgang durch die Gassen der gut erhaltenen mittelalterlichen Stadt, ein Spaziergang zum Schloss Chenaux, Ende des 13. Jh. von den damaligen savoyischen Herrschern erbaut, oder ein Blick ins Maison de la Dîme aus dem 15. Jh.? Nein, nach der langen Fahrt lockt als erstes das Strandbad mit Sandstrand. Denn hier ist nicht nur Plantschen und Schwimmen angesagt, sondern eine ganze Palette von Wasseraktivitäten: der einzige fest installierte Wasserskilift der Schweiz, Wakeboard, Pedalos, Katamarane.
DOCH VIELLEICHT MÖCHTE man den Badeplausch bis Yvonand aufschieben, nach einem Abstecher bei Châbles, wo ein Naturlehrpfad ins Ried führt und einen grossartigen Ausblick über Ried und See plus wertvolle Informationen über die Entstehung und das Leben der Grande Cariçaie liefert. Doch dann gibt es nur noch ein Ziel: die Plage von Yvonand, die mit ihrem feinen Sand echte Ferienstimmung aufkommen lässt. Die 9 Kilometer nach Yverdon sind anschliessend ein Kinderspiel, schnurgerade und topfeben verläuft der Veloweg neben der Autostrasse. Wer noch mehr Natur wünscht, schaltet eine weitere Infopause beim Naturschutzzentrum Champ-Pittet ein, ansonsten geht es direkt nach Yverdon, wo Ufer, Stadt, Restaurants und Thermen neue Attraktionen bieten.

Das noch!

LEBEN WIE DIE PFAHLBAUER

Im Village lacustre bei Gletterens darf man ungehindert seine Nase in Pfahlbauhütten, nach alten Vorbildern rekonstruiert, stecken. Man kann aber auch noch mehr: neolithische Techniken wie Feuermachen ohne Streichhölzer, Speere mit der Speerschleuder werfen und Fladenbrote backen erlernen. Ein nicht ganz steinzeitliches Tipidorf am Ufer des Neuenburgersees bietet Familien günstige Übernachtungsgelegenheit und die Möglichkeit, Indianerleben auszuprobieren. Auf Anfrage steht eine Schwitzhütte zur Verfügung, im Pfahlbaudorf finden für Gruppen Kurse und Stein-

Schloss Yverdon

zeitanimation statt. Geöffnet ist das Dorf von Ende April bis Ende Oktober.
AUSKUNFT: Village lacustre, c/o Administration communale, 1544 Gletterens, Tel. 026 667 20 72, www.gletterens.ch

Les Ponts-de-Martel NE

04

DURCHS ROTE MOOR

Auf einer Länge von 18 Kilometern zieht sich das lanzenförmige Hochtal Vallée des Ponts von der Crête Pellaton bis Boinod. 300 Meter misst es an der engsten, 3 Kilometer an der breitesten Stelle, dazwischen liegt topfebenes, weites Land mit einem Flüsschen, das einfach verschwindet, und einem bunten Flickenteppich von Weiden, Feldern und Moor.

Les Ponts-de-Martel NE   04

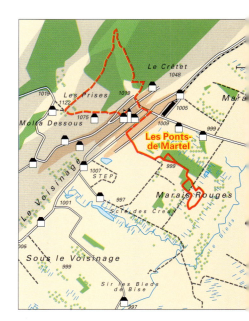

Die Bahn von La Chaux-de-Fonds fädelt sich bei Bout du Commun ein ins langgezogene Tal von La Sagne/Les Ponts. Der sich langsam verbreiternde Talboden ist mit einem Netz von kleinen Äckern, offenen Wiesenflächen, Moorinseln mit einzelnen Bäumen und kleinen Hütten überzogen. Der Bied schlängelt sich durch Wiesen, Sumpf und Moor und verschwindet bei Le Pont plötzlich in einem schwarzen Loch – eine typische Jura-Doline. Im Val de Travers taucht der Bach wieder auf, als Felsenquelle.

NOCH VOR 100 JAHREN SAH die Landschaft hier oben auf 1000 m ü.M. ganz anders aus. Da war das ganze Vallée des Ponts eine einzige Moorlandschaft mit Sümpfen, Torfmooren, Riedgras, Tümpeln. Die zwei Arme des Bied schlängelten sich durch die Moore. Die Bauern lebten in Dörfern entlang des Talrandes und nur Knüp-

Les Ponts-de-Martel

SERVICE

ANREISE: Mit der Bahn nach La Chaux-de-Fonds (KB 225 und 223), Weiterfahrt mit der CMN nach Les Ponts-de-Martel (KB 222).

WANDERROUTE: Vom Bahnhof Les Ponts-de-Martel signalisierter Moorweg «Marais-Rouge», Länge 2800 Meter, Zeitaufwand 1 Stunde 30 Minuten.

WEITERWANDERN: Ein Lehrpfad durch die Moorlandschaft von Les Ponts-de-Martel führt vom Ort Richtung Norden hoch über das Tal und erklärt die Landschaft im Talboden (Moore, Torfhütten, Siedlungsgeschichte usw.). Länge 2,7 Kilometer, Dauer ca. 2 Stunden. Und nicht verpassen: Westlich von Les Ponts der Strasse entlang zum Weiler Le Voisinage spazieren, wo der Bied in einer Doline (Karsttrichter) im Boden verschwindet.

KARTE: Landeskarte der Schweiz 1:25 000, Blatt 1163 «Travers», Spezialkarten «Die Lehrpfade von Les Ponts-de-Martel».

JAHRESZEIT: Frühling bis Herbst.

VERPFLEGUNG: Restaurants in Les Ponts-de-Martel.

AUSKUNFT: Tourisme neuchâtelois-Montagnes, Espacité 1, 2300 La Chaux-de-Fonds, Tel. 032 919 68 95, www.ne.ch/tourism.

Tauwetter in der Juralandschaft

pelpfade – Ponts – führten ins Moor. Schon immer wurde Torf, das einzige Wirtschaftsgut im Moor, abgebaut, aber während Jahrhunderten nur für den Eigengebrauch. Dies änderte sich im 20. Jh. schlagartig und mit verheerenden Folgen für die Landschaft: Während der beiden Weltkriege war Torf begehrtes Brennmaterial und waggonweise wurde der wertvolle Rohstoff mit der extra dafür gebauten Bahn aus dem Tal gekarrt. Zurück blieb eine verwundete, von tiefen schwarzen Narben durchzogene Landschaft, die noch zusätzlich «entfremdet» wurde durch den Bau von Entwässerungskanälen zur Gewinnung von Landwirtschaftsboden. Wo einst Moorbirken und Riedgras wuchsen, dehnt sich heute grünes Weideland aus. Braune Gräben, ehemalige Torfstiche, dörren in der Hitze der Sonne. Von den einst 1450 Hektaren Hochmoor

Bahnhof von Les Ponts-de-Martel

Was noch?

Les Ponts-de-Martel NE

Les Ponts-de-Martel, Vallée des Ponts

sind knapp 130 Hektaren geblieben, die heute dank der Rothenthurm-Initiative nicht mehr weiter bedroht sind.

DER MARAIS ROUGE bei Les Ponts-de-Martel ist eine dieser geretteten Moorinseln. Ein knapp 3 Kilometer langer Knüppelweg führt ins Innere und Informationstafeln vermitteln Grundwissen über die Entstehung von Hochmooren, über Torfabbau und über die schwierige Aufgabe, zerstörte Torfmoore wieder zu regenerieren. Einst hatte ein See, so informieren die Tafeln, die Talmulde des Vallée des Ponts ausgefüllt. Doch nach und nach lagerte sich totes Material am Grund ab, der flache See verlandete und das Wachsen des Hochmoors begann, dessen Basis, das Torfmoos, im kühlen, niederschlagsreichen Klima auf 1000 m ü.M. bestens gedieh. Im Laufe der Jahrtausende wiederum verwandelte sich abgestorbenes Torfmoos in Torf. Wie und wo der Torf im Marais rouge abgebaut wurde, erklären die Tafeln am Weg. Inzwischen, so informiert eine weitere Tafel, bemüht man sich, ehemalige Aobauflächen zu revitalisieren, was kompliziert ist, weil der Torfboden bis 55° heiss werden kann und total austrocknet. Ist dies geschehen, wächst nichts mehr. Durch künstliche Bepflanzung mit Wollgras, das selbst in diesem extremen Klima gedeiht und den Boden beschattet, sowie das Abdichten von Entwässerungsgräben soll eine Umgebung geschaffen werden, in der sich ein Hochmoor wieder entwickeln kann. Das wird wohl noch ein bisschen dauern. Wir müssen uns mit dem Restmoor zufrieden geben. Und das ist eine bezaubernde Landschaft mit Birken, Kiefern, Wollgras, leuchtend gelbem Riedgras, Moosbeeren. Ein Stück hoher Norden im Neuenburger Jura, ein grossartiges, stilles Tal.

 Das noch!

GRUYERE AUS DEM HOCHTAL

«Natur prägt den Charakter» ist das Stichwort zur Käserei von Les Ponts-de-Martel. Wenn dies zutrifft, so entsteht auf dieser Jura-Hochebene ein besonders charaktervoller Greyerzer, denn auf hochgelegenen Jura-Alpweiden grasen die Kühe, deren Milch den Rohstoff liefert für die Käseproduktion. In der modernen Käserei «Les Martel» können Besucher von einer Besuchergalerie den Prozess der Verwandlung von Rohmilch in Greyerzer-Käselaibe mitverfolgen und sich im Reifekeller überzeugen, dass der beste Greyerzer der lange und gut gelagerte ist. Selbstverständlich gehört eine Degustation zum Besuch in der Käserei, im Bistrot gibt es aber auch weitere Jura-Spezialitäten zu essen. Eine Tonbildschau verdeutlicht die Arbeit der Käser. Geöffnet täglich von 8 bis 12 und 17 bis 19 Uhr, Käseproduktion bis 10 Uhr. Eintritt gratis.

AUSKUNFT: Fromagerie Les Martel, Major Benoît 25, 2316 Les Ponts-de-Martel, Tel. 032 937 16 66.

Les Brenets NE

NATURPARADIESE AM DOUBS

Am äussersten Rande der Schweiz an der Grenze zu Frankreich hat der Doubs ein einzigartiges Naturparadies geschaffen. Weit abseits von Städten, grösseren Ortschaften oder Industrieanlagen locken die Schifffahrt auf dem Lac-des-Brenets und Wanderungen zum Saut-de-Doubs durch eine ursprüngliche Flusslandschaft mit hellen Kalkfelsen und dunkeln Wäldern.

KULTUR

ABENTEUER

FAMILIE

JAHRESZEIT

Les Brenets NE

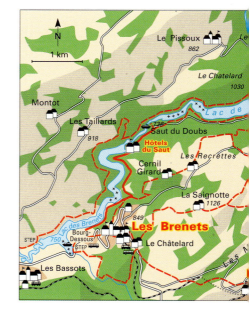

Gemächlich durchquert der Zug die Ebene zwischen La-Chaux-de-Fonds und Le Locle, am Ende des Jura-Hochtals. In Le Locle, der kleinen Schwesterstadt von La-Chaux-de-Fonds und ebenfalls berühmt für seine Uhrmachertradition, heisst es umsteigen in die rotweissen Wagen der Lokalbahn mit Endstation Les Brenets. Das Umsteigen bedeutet Szenenwechsel. Die für den Jura typische Hochebene endet an steilen Felswänden und nach einer kurzen Tunneldurchfahrt öffnet sich der Blick auf das Bassin du Doubs.

DER KLEINE FLUSS, der von Frankreich kommend sich gemächlich der Schweizer Grenze nähert, wird plötzlich ganz gross. Über eine Strecke von 4 Kilometern und mit einer Breite von 200 Metern verwandelt sich der Doubs in den Lac-des-Brenets, ein langer, gewundener Canyon, begrenzt von ho-

Lac-des-Brenets

SERVICE

ANREISE: Mit Bahn (KB 223) oder Postauto (KB 223.40) nach Le Locle, von Le Locle Lokalbahn nach Les Brenets (KB224), Minibus vom Bahnhof Les Brenets zum Schiffsanleger NLB.
SCHIFFFAHRT: Von Ende April bis Ende Oktober, Fahrplan Tel. 032 932 14 14. Fahrpreis Erwachsene einfach Fr. 6.–, Kinder Fr. 3.80.
WANDERROUTE: Saut-du-Doubs nach Les Brenets 1 Stunde.
WEITERWANDERN: Saut-du-Doubs nach Les Planchettes 3 Stunden, Saut-du-Doubs nach Biaufond 5 Stunden. Von Les Planchettes und Biaufond Postautoverbindung nach La-Chaux-de-Fonds (KB 223.15).
KARTE: Landeskarte der Schweiz 1:25 000, Blatt 1143 «Le Locle».
WEITERSEHEN: Unterirdische Mühlen von Col-des-Roches bei Le Locle, eine einzigartige Mühlenwelt eingebaut in einer natürlichen Höhle. Auskunft: Tel. 032 931 89 89
VERPFLEGUNG: Restaurants in Les Brenets, am Saut-du-Doubs, Les Rochers de Moron, Les Planchettes.
AUSKUNFT: Neuchâtel Tourisme, Espacité 1, 2302 La Chaux-de-Fonds, Tel. 032 919 68 95. www.etatne.ch

Beim Restaurant Saut-du-Doubs

hen Kalkklippen. Der zwanzigminütige Spaziergang vom Bahnhof zur Anlegestelle am See zeigt die Verwandtschaft von Les Brenets mit den beiden Uhrenstädten auf der Hochebene. Nach einem Dorfbrand im Jahre 1848 wurden die Strassen nach dem Vorbild von Le Locle und La-Chaux-de-Fonds als rechtwinkliges Netz angelegt.

AM HAFEN ERWARTET bereits das Ausflugsschiff der NLB die Passagiere für die Fahrt über den See zum Hotel Saut-du-Doubs. Es ist jedoch nicht einfach das Ziel, das diese Bootsfahrt so speziell macht, sondern auch der Weg dorthin. Wie ein Fjord zieht sich der lange, schmale See zwischen den dunklen Ufern hin. Die bis zu 60 Meter hohen, zum Teil bewachsenen Felsenklippen, die direkt aus dem Wasser ragen, haben etliche wagemutige Wasserspringer herausgefordert, Acapulco-Atmosphäre in diesen Jurazipfel zu bringen. An einem Felsvorsprung am linken Ufer ist noch die Befestigung des Sprungbrettes erkennbar, von dem aus 1936 der waghalsige Arzt Girardet aus 42 m Höhe mit einem Kopfsprung in den See tauchte. Und vom

Saut-du-Doubs

Was noch?

Les Brenets NE

«Table d'Hercule» stellte Louis Favre mit einem Sprung von 54 Meter Höhe 1987 einen Weltrekord auf.
DIE EROSION HAT in den Uferfelsen bizarre Formen und tiefe Höhlen entstehen lassen. Eine Sphinx scheint über dem dunklen, tiefen Wasser zu brüten, dort spiegelt sich das Profil von Louis-Philippe, beim Echofelsen schallt die Stimme hin und her über den See und eine Tafel bei einer Höhle erinnert daran, dass hier 1812 König Friedrich Wilhelm von Preussen bewirtet wurde. Fast zu kurz ist die Fahrt durch diese gleichzeitig verträumte und wilde Felsenlandschaft bis zum Anleger Saut-du-Doubs.
DER DOUBS VERWANDELT sich wieder in einen Fluss und ein zehnminütiger Spaziergang entlang des dicht bewachsenen Ufers führt zum imposanten Wasserfall, wo sich der Doubs über einen 27 m hohen harten Felsriegel ins untere Becken stürzt. Die Aussichtsplattform auf der französischen Seite scheint zum Greifen nah, doch es gibt keinen Übergang. Auch die Schiffe auf dem Lac-des-Brenets müssen in ihrem Hoheitsgebiet bleiben, die schweizerischen auf der Schweizer, die französischen auf der französischen Seite des Sees, der in Frankreich Lac de Chaillexon heisst. Nur im Winter, wenn der See gefroren ist und sich Schlittschuhläufer unbesorgt um hüben und drüben auf der Eisfläche tummeln, verschmelzen Lac des Brenets und Lac de Chaillexon zu einer gemeinsamen grossen Vergnügungsfläche. Im Sommer jedoch halten sich Wanderer bis zum nächsten Zoll an ihre Herkunftsseite. Es gibt genug Routen: entlang des Sees zurück nach Les Brenets, auf dem schmalen Felsenpfad die Rochers des Morons durchsteigen mit dem Zielort Les Planchettes oder dem Lauf des Doubs bis nach Biaufond folgen.

 Das noch!

CHÂTEAU DES MONTS

Le Locle ist die zweite grosse Uhrenstadt im Neuenburger Jura und das ursprüngliche Zentrum der Uhrmacherkunst in der Schweiz. 1705 setzte der Le Locler Daniel Jeanrichard seine erste Uhr zusammen und begründete damit nicht nur eine Uhrendynastie, sondern einen der wichtigsten Industriezweige der Schweiz. Um 1850 zählte Le Locle 8500 Einwohner, und nicht nur hochkomplizierte Uhren, sondern auch wunderbare Spielautomaten verliessen die Werkstätten und Fabriken der Uhrmacher. Vom Reichtum der Stadt zeugt noch heute das Château des Monts, 1785–1790 als repräsentatives Herrenhaus mit Blick über die Stadt erbaut. Die stilvollen Räumlichkeiten sind der passende Rahmen für die Sammlung kostbarster Uhren und wertvoller Musikautomaten.
AUSKUNFT: Musée d'Orlogerie, Château des Monts, 2400 Le Locle, Tel. 032 931 16 80.

Uhrenmuseum Le Locle

06 La Sauge – Mont Vully – Murtensee FR

AN DER FREIBURGER RIVIERA

Wer den Kanton Freiburg vor allem mit der Voralpenregion um Greyerz und Schwarzsee oder mit der tiefen Schlucht der Sarine um Freiburg verbindet, vergisst den lieblichen Seebezirk, Murten und den Mont Vully, die kleinste eigenständige Weinregion der Schweiz. Die Wanderung vom Neuenburgersee über den Mont Vully und entlang des Rebweges zeigt die schönsten Seiten der Freiburger Riviera.

KULTUR

ABENTEUER

FAMILIE

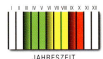
JAHRESZEIT

La Sauge – Mont Vully – Murtensee FR   06

Wie so viele schöne Landschaften der Schweiz, ist auch das Dreiseenland ein Geschenk der Eiszeit. Es war eine Zunge des Rhonegletschers, die die gewaltige Ebene am Fusse der Jurakette geformt hatte. Nach dem Rückzug des Gletschers blieb ein riesiger Mittellandsee zurück, der seine Form im Laufe der Jahrtausende stark veränderte. Flüsse brachten Geschiebe mit, Teile des Sees verlandeten allmählich, andere versumpften. Später suchten sich die Aare, die Zihl immer neue Weg, durch die Ebene, einzelne Hügel und Moränenwälle bildeten trockene Rippen im ausgedehnten Feuchtgebiet. Hier siedelten bereits früh Menschen. Spuren belegen, dass vor 11 000 Jahren Jäger auf dem Vully Zuflucht suchten und vor etwa 7000 Jahren Pfahlbauer ihre Siedlungen an seinem Fuss errichtet hatten.

Im Broye-Kanal

Rebenweg bei Twann

SERVICE

ANREISE: Mit der Bahn nach Neuchâtel (KB 210 od. 220), mit dem Schiff von Neuchâtel nach La Sauge (KB 3212). Von Môtier Schiff nach Murten (KB 3213).

WANDERROUTE: La Sauge – Broye-Kanal – Le Tonkin – Chavanel – Bois du Mont – Mont Vully – Aussichtspunkt 653 m – Derrière Sugiez – Rebenweg – Vully Grotten – Môtier. Wanderzeit rund 4 Stunden. Höhenunterschied ca. 220 m.

KARTE: Landeskarte 1:25 000, Blatt 1165 «Murten».

VERPFLEGUNG: Restaurants in La Sauge, Sugiez, Praz und Môtier. Auf dem Mont Vully Picknickplätze und Feuerstellen.

WEINDEGUSTATION: Le Caveau du Vully, 1787 Môtier, Tel. 026 673 23 13. Geöffnet vom 15. April bis 31. Oktober, Fr, Sa und So von 17 bis 21 Uhr.

AUSKUNFT: Office du Tourisme du Vully, 1786 Sugiez, Tel. 026 673 18 72, www.levully.ch

EXTRATIPP: Falls man bei den Sandsteinhöhlen von Mont Vully eine längere Rast einplant (Picknickstelle) und die Höhlen erforschen möchte, unbedingt Taschenlampen einpacken.

WIE EIN GROSSER WÄCHTER ragt der Mont Vully zwischen Murten- und Neuenburgersee über die Ebene des Grossen Moos. Mild ist das Klima an seinem Südhang, aufgewärmt vom See, geschützt vor den kalten Winden, die vom Jura her wehen. Und äusserst fruchtbar die aus Moor und Sumpf gewachsene Erde. Nicht nur Steinzeitmenschen, Pfahlbauer und Kelten liebten diese Gegend. Die Römer, die diese sanfte, freundliche Landschaft mit ihrem milden Klima schätzten, entdeckten die steilen Hänge des Vully als ideales Weinbaugebiet. Sie pflanzten die ersten Weinstöcke am Sonnenhang über dem Murtensee und begründeten damit die wechselvolle Geschichte der Weinbauregion Vully.

ZU DEN SEIT RÖMERZEITEN doch beachtlich vergrösserten Weinbergen führt die Wanderung, die beim Schiffsteg La Sauge am Broye-Kanal beginnt. Die Anreise über den Neuenburgersee stimmt ein, und die ruhige Wanderung entlang des Kanals, geschaffen im Rahmen der 1. Juragewässer-Korrektion 1874, führt vor Augen, wie perfekt sich ein Kunstbau in die Naturlandschaft einpassen kann. Nach ca. 2 km heisst es, den Kanal verlassen und der Aufstieg durch den Bois du Mont am eher steilen Nordhang des Vully beginnt. Bald schon hat man das von sattgrünen Wiesen bedeckte Gipfelplateau erreicht, über das der Wanderweg zum Aussichtspunkt am Ostrand des Mont Vully führt. Unterwegs machen gut gestaltete Infotafeln auf die Reste

La Sauge – Mont Vully – Murtensee FR

Blick auf Mont Vully

der Festung Oppidum hin, welche die Helvetier vor ihrem Zug Richtung Westen im Jahre 58 v. Chr. niederbrannten. Im Rahmen der Expo 02 wird ein Teil dieses typisch keltischen Bauwerkes nach alten Vorbildern wieder aufgebaut.

BEIM AUSSICHTSPUNKT auf 653 m ü.M. begeistert der Ausblick: Im Norden die Jurakette und Bieler- und Neuenburgersee, im Süden der Murtensee, das Freiburgerland und die Alpen, bei klarer Sicht vom Pilatus bis zum Mont Blanc. Über schmale, etwas steilere Wege und durch eine Hohlgasse geht es danach hinunter Richtung Sugiez, und zwar so weit, bis der Wanderweg vom Mont Vully auf den Rebenwanderweg Sugiez–Môtier trifft. In diesen Weg biegt man nun nach Westen ab und wandert durch die Rebberge hoch über dem Murtensee weiter. Jetzt versteht man, weshalb diese Gegend die «Freiburger Riviera» genannt wird. Hier wachsen Chasselas-Trauben für den spritzigen, leichten Weisswein des Vully heran, aber auch Blauburgunder-Trauben für gehaltvolle Rotweine und Pinot gris, Chardonnay und Gewürztraminer für Spezialitäten. 102 ha Rebfläche gehören zum Kanton Freiburg, 44 ha umfasst das «Vully vaudois». Tafeln am Weg erläutern die Arbeit im Weinberg und den Weg von der Traube zum Wein.

BEI DER KREUZUNG des Rebweges mit dem Wanderweg auf den Mont Vully zwischen Praz und Môtier sollte man den Rebweg kurz verlassen, um die während des 1. Weltkrieges aus dem Sandstein gehauenen Kasematten zu besichtigen. Die durch weitverzweigte Gänge verbundenen Höhlen sind ein toller Abenteuerspielplatz für Kinder! Eher steil durch die Reben setzt sich der Weg fort zum Anleger von Môtier, wo nicht nur Schiffe hinüber nach Murten ablegen, sondern auch ein Strandbad die gewünschte Abkühlung und Erholung verspricht. Aber vielleicht lassen sich Erwachsene lieber zu einem Glas «Mont Vully» verführen. Im Degustationskeller ist es angenehm kühl. Oder alle lassen sich zu einem «Gâteau du Vully», einem Kuchen mit viel Butter und Rahm, verführen – und sollten anschliessend die Wanderung in entgegengesetzter Richtung aufnehmen, um die durch diese Köstlichkeit angegessenen Kalorien wieder zu verbrennen.

Saignelégier JU   07

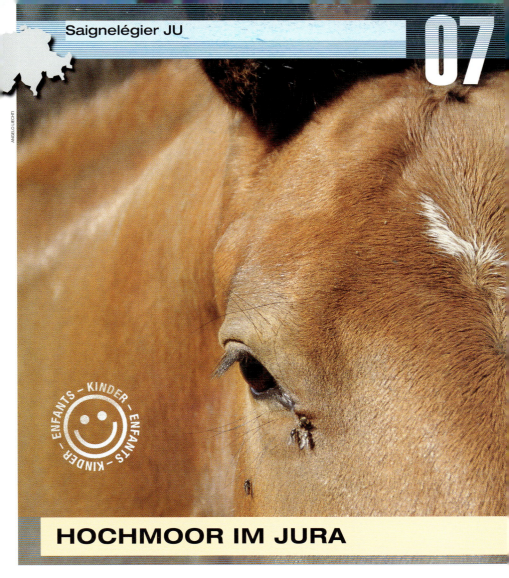

HOCHMOOR IM JURA

Einst bedeckten fast undurchdringliche schwarze Wälder die Hochebene der Franches-Montagnes. Einzige Lichtungen waren Felskämme, Schluchten und kleine Seen wie der Etang de la Gruère. Seit dem Mittelalter haben sich die Wälder in parkähnliche lichte Waldweiden verwandelt. Aber der kleine See, umgeben von arktischen Birken und Bergföhren, Torfmoos und Erika, ist dunkel und geheimnisvoll wie eh.

Saignelégier JU

Es ist eine Landschaft mit einem eigenen Charakter. Auf 1000 m ü. M. dehnt sich das Plateau der Freiberge über 200 Quadratkilometer aus. Geologisch gehört es zum Faltenjura, im Laufe der Jahrmillionen aber erodierte es zur verkarsteten, von niederen Kämmen, tiefen Rissen und Dolinen durchzogenen Hochebene. Wasser war ein knappes Gut, der Boden mager. Kein Wunder, befreite der Besitzer dieser Hochebene, der Basler Fürstbischof Imier von Ramstein, diejenigen, die bereit waren, dieses unergiebige Land zu bewirtschaften, von allen Abgaben und liess ihnen freie Hand. Die Freiberge, Franches-Montagnes, wurden Zufluchtsort für Menschen, die wegen ihrer Religion oder ihrer politischen Einstellung anderswo verfolgt wurden. Für ihre Freiheit bedankten sie sich, indem sie die Wälder in eine Parklandschaft von ein-

Bilderbuch-Jura bei Saignelégier

SERVICE

ANREISE: Mit der Bahn nach Tramelan (KB 237), Postauto (KB 237.15) bis Halt Moulin de la Gruère.
WANDERROUTE: Moulin de la Gruère – Etang de la Gruère – La Combe – Les Cerlatez – Sûr le Crâtan – Saignelégier. Zeitaufwand ca. 2 Stunden. Der Etang ist ein höchst empfindliches Biotop – die befestigten Wege dürfen nicht verlassen werden, Blumen pflücken, Beeren und Pilze sammeln, Feuer machen, Mountainbike fahren usw. ist verboten, zum Schutze der Moore.
WEITERWANDERN: Von Saignelégier via Etang de la Gruère nach Tramelan.
KARTE: Landeskarte der Schweiz 1:25 000, Blatt 1104, «Saignelégier» Spezialkarte «La Randoline. A pied de Saignelégier à La Gruère», erhältlich bei Jura Tourisme.
RESTAURANTS: Moulin de la Gruère, La Theurre Saignelégier.
AUSKUNFT: Jura Tourisme, rue de la Gruère 1, 2350 Saignelégier, Tel. 032 952 19 52, www.juratourisme.ch

Etang de la Gruère

zigartiger Schönheit verwandelten und mit Pferdezucht und Viehwirtschaft eine Existenz aufbauten.

INMITTEN DIESER PARKLANDSCHAFT ist eine Wildnisinsel erhalten geblieben, das Naturschutzgebiet Etang de la Gruère, eine sehr vielfältige Moorlandschaft mit Flach- und Hochmooren, mageren und nährstoffreichen Böden, sehr nassen und trockenen Zonen, Föhren- und Fichtenwäldern, Moorseen und Weiden. Auf etwa 12 000 Jahre schätzt man das Alter des Hochmoors, und bis zu 8 Meter türmt sich die Torfmoosschicht über der kalkarmen Mergelunterlage. Dafür sind die umgebenden Sträucher, Zwergbirken und Bergföhren sehr kurz geraten. Der extrem saure, magere Boden im Hochmoorbereich lässt sie nicht weiter wachsen. Hier fühlen sich nur Spezialisten wohl. Erika, rundblättriger Sonnentau, Moosbeeren spiegeln sich im dunkeln, moorigen Wasser des Sees, der vor 350 Jahren aufgestaut wurde, um Wasserenergie für eine Mühle zu gewinnen. Schilfgürtel bieten Zufluchtsorte für seltene Wasservögel, Libellen, Schmetterlinge, Grasfrösche. Am Ufer neigen sich die für den Etang so typischen schiefen Föhren über das dunkle Wasser.

STEGE UND KNÜPPELPFADE führen rund um das für alle Ein- und Übergriffe hoch empfindliche Moor, das seit 1943 unter Schutz steht. In letzter Minute konnten

Was noch?

Saignelégier JU 07

damals Naturschützer verhindern, dass die Torfschichten des Etang de la Gruère im zweiten Kriegswinter verheizt wurden. Heute sind die Besucher die Hauptbedrohung, denn nicht alle halten sich an die Vorschrift, die Wege nicht zu verlassen. Die Zusammenhänge zwischen Moorlandschaft, Tourismus, Landwirtschaft und Umwelt zeigt ein «Sentier-Decouvert», ein Entdeckungspfad, der die Seeumrundung ideal ergänzt. Bei La Petite Theurre und La Grégoire im Norden des Etang und auf dem Wanderweg nach Saignelégier informieren Tafeln aber nicht nur über die Natur, sondern auch über die Geschichte der Besiedlung der Freiberge, über Land- und Holzwirtschaft, Klima und Kultur. Der Weg führt vorbei an den typischen weissen Jurahäusern mit den weiten und nur schwach geneigten Dächern und über offene Weideflächen nach Saignelégier, dem kulturellen und wirtschaftlichen Zentrum der Freiberge. Fast unterkühlt wirkt der Ort mit seinen hellen Steinhäusern. Umso wärmer empfangen einen die gemütlichen Gasthäuser. Hier oben wird zwar kein Wein angebaut, aber er schmeckt hervorragend auf 1000 m, begleitet von heimischem Käse und Brot.

St-Ursanne

 Das noch!

CENTRE NATURE LES CERLATEZ

Nur was man kennt kann man schätzen und damit schützen. Der Aufgabe, den besonderen Charakter und das spezielle Schutzbedürfnis des Etang de la Gruère bekannt zu machen, hat sich das Centre Nature Les Cerlatez angenommen. Hinter dem Zentrum steht die Stiftung für Studien, Information und Schutz der Torfmoore. Das grosse Jurahaus beherbergt eine Ausstellung über den Etang, ein Noctarium sowie Wechselausstellungen zu Natur und Kunst. Die Tonbildschau «Land der Saignes» zeigt die Schönheit und die Vielfalt des Torfmoors. Das experimentelle Moor rund um das Gebäude enthüllt das geheimnisvolle Leben fleischfressender Pflanzen und kleiner Tümpelbewohner. Für Gruppen werden Führungen organisiert.

Am Doubs

AUSKUNFT: Centre Nature Les Cerlatez, Postfach 212, 2350 Saignelégier, Tel. 032 951 12 69, E-Mail: centrenat.cerlatez@bluewin.ch.

Solothurn – Biel

08

UM AARESCHLAUFEN RADELN

Die Velotour von Biel nach Solothurn – oder auch in umgekehrter Richtung – ist ein Familienklassiker. Die Strecke ist total flach, bietet sehr viel Abwechslung und spannende Attraktionen für Kinder. Zudem besteht an mehreren Stellen die Möglichkeit, die Tour durch den Wechsel aufs Schiff abzukürzen.

Solothurn – Biel

Am Bahnhof Biel/Bienne beginnt das Abenteuer, das man gleich in einen Familienquiz umwandeln kann: Welche Geschäfte sind nur in Französisch, welche nur in Deutsch, welche in beiden Sprachen angeschrieben? Und wenn ich die Frau am Kiosk nun auf Schweizerdeutsch anspreche, versteht sie mich? Sie wird, denn Biel/Bienne ist so konsequent zweisprachig wie keine andere Schweizer Stadt. Alle Wegweiser, Schilder und Informationen stehen in beiden Sprachen zur Verfügung. Auch die Wegweiser zur Radroute sind für alle leicht verständlich, denn neben dem Symbol von Veloland Schweiz weisen sie die Zahlen 5 und 8 auf: Mittelland-Route und Aare-Route, auf deren Spur es Richtung Solothurn gehen wird.

DURCH ALTSTADTGASSEN erreicht man den See und den Aarekanal bei Nidau.

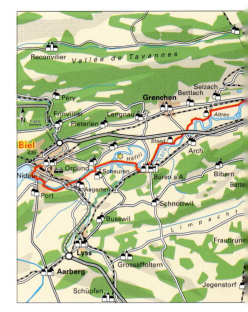

Auf dem Bielersee

SERVICE

ANREISE: Mit den SBB nach Biel oder Solothurn (KB 410).
VELOMIETE: Velos können im Bahnhof Solothurn (Tel. 051 226 98 17) oder im Bahnhof Biel (Tel. 051 226 22 81) gemietet werden.
VELOROUTE: Biel – Büren a. Aare – Altreu – Solothurn (oder umgekehrt), analog zu den nationalen Velorouten 2 und 8. Länge 29 km, keine Steigung.
KARTE: Velokarte 1:60 000, VCS/Kümmerly+Frey, Blatt 9, Biel-Solothurn, Oberaargau. Offizieller Routenführer Veloland Schweiz, Band 2 oder Band 3 (Werd Verlag).
VARIANTE: Fusswanderung von Solothurn nach Altreu und Weiterfahrt auf der Aare bis Biel. Auskunft: Bielersee-Schifffahrt-Gesellschaft, Tel. 032 322 22 22 (Automat), www.bielersee.ch.
VERPFLEGUNG: Restaurants in den Ortschaften, Ausflugsrestaurant «Zum grüene Aff», Altreu (Tel. 032 641 10 73).
AUSKUNFT: Region Solothurn Tourismus, Hauptgasse 69, 4500 Solothurn, Tel. 032 626 46 46, www.solothurn-city.ch

Storchensiedlung Altreu

Stadthäuser an der Aare

Zwischen Büren und dem Bielersee wurde im Rahmen der Juragewässerkorrektionen die Aare, die sich früher in Schlaufen, Sümpfen und Tümpeln über die ganze Ebene ausgebreitet hatte, in ein enges Korsett gezwängt, um den Abfluss aus dem Bielersee zu erleichtern und die Ebene zu entsumpfen. Am rechten Ufer entlang des Büren-Nidau-Kanals geht es durch mehrheitlich bebautes Gebiet bis zur Aarebrücke bei Scheuren. Kurz nach Scheuren gelangt man in den Bereich der einstigen Aare. Am rechten Ufer tümpelt die alte Zihl vor sich hin und in den Kanal, während am linken Ufer eine grosse Schleife das «Häftli» umschliesst. Hier, umarmt vom stillen Wasser der Alten Aare, ist ein Sumpf- und Riedgebiet mit reicher Vegetation erhalten geblieben. Ein Abstecher auf den Beobachtungsturm in der westlichen Schlaufe erlaubt einen schönen Überblick über diese ruhige Ried- und Wasserlandschaft, hinein in die Grenchner Witi und hinüber zum Jurakamm.

BEI BÜREN AN DER AARE, ein mittelalterliches Bilderbuchstädtchen, ist ein kurzer Abstecher über die nach einem Brand 1991 neu erbaute Holzbrücke angesagt, doch die Veloroute folgt weiterhin dem linken Ufer. Im

Was noch?

Solothurn – Biel

«Rütisack», einem geschützten Schilfgebiet, macht der Weg eine eigenartige Schlaufe: er folgt dem ehemaligen Flussverlauf. Erlen, Eschen, Silberweiden, Birken, Haselsträucher säumen das Ufer, im Gebüsch ist vielstimmiges Gequake zu hören und immer wieder startet und landet ein Wasservogel mit viel Geplätscher. Abgestorbene Bäume bieten ideale Nistplätze, und ab und zu erhebt sich ein ungewöhnlich grosser Vogel aus einem der Baumwipfel: Die Storchenstation Altreu ist nicht mehr weit. Doch vorerst wird Hasenland durchquert, die Grenchner Witi, eines der bedeutendsten Zugvogel-Rastgebiete der Nordschweiz und bekannt für seine Feldhasen-Population. Das Projekt, die Autobahn quer durch die «Witi» zu ziehen, konnte nach jahrelangem Einsatz der Umweltschützer verhindert und die Autobahn unter die Erde verbannt werden.

IN ALTREU GIBT ES KEINE Zweifel, wer hier eine grosse Klappe führen darf: Jeder Dachfirst ist gekrönt von mindestens einem Storchennest und in der Storchenstation werden gegen 150 Störche betreut. Die kleine Aareinsel bei Altreu ist Tieren vorbehalten, Menschen haben hier nichts zu suchen. Sie dürfen sich im Gasthaus «Zum grüene A̱f» breit machen. Nach Altreu trennt sich die Veloroute vom Fluss und trifft erst südlich von Bellach wieder auf ein Aareknie. Bald tauchen die ersten Mauern und Türme von Solothurn auf: Das Ziel einer erholsamen Veloreise ist erreicht. Aber sicher stimmen alle einem Routenhalt im sehr schön gelegenen Schwimmbad an der Aare zu, bevor sie in die Altstadt einfahren.

Das noch!

FAMILIENSPASS SOLOTHURN

Nicht nur Barockliebhaber, Literaten und Leinwandfreaks lassen sich von der Ambassadoren- und Festivalstadt Solothurn begeistern. Gerüstet ist die Stadt auch für das anspruchsvollste Stadt-Publikum – für die Kinder. Unter dem Motto «Familienspass Solothurn» führt ein spezieller Prospekt alle Kinderattraktionen und -aktivitäten auf, die da sind: ein tolles Naturmuseum, die Harnischmeute im Alten Zeughaus, das kinderfreundliche Kunstmuseum, das niedliche Puppenmuseum, Schloss Blumenstein, Schloss Waldegg, Saurierspuren, Ausflüge auf der Aare oder auf den Weissenstein. Eltern erfahren zudem, wo sie sich mit ihren Kindern am besten betten und in welchen Restaurants junge Gäste immer willkommen sind. Also: auf zum Familienweekend in Solothurn.

Familienfreundliches Solothurn

PROSPEKT UND AUSKUNFT ÜBER FAMILIENPAUSCHALEN: Region Solothurn Tourismus, Hauptgasse 69, 4500 Solothurn, Tel. 032 626 46 46, www.solothurn-city.ch

Kemmeriboden BE – Solothurn
09

ALLES FLIESST

Emmental – das sind grüne Hügel, mächtige Bauernhöfe mit Geranien vor den Fenstern, Jeremias Gotthelf, Käse mit grossen Löchern, Kühe. Und das Emmental ist das Tal der Emme, eines Flusses mit vielen Gesichtern, lebenswichtig, unberechenbar, zerstörerisch und leben spendend. Ein Pfad folgt dem Fluss von der Quelle am Hohgant bis zur Mündung in die Aare bei Solothurn.

KULTUR

ABENTEUER

FAMILIE

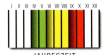
JAHRESZEIT

Kemmeriboden BE – Solothurn   09

Sonnentau und Torfmoos begleiten die ersten Meter des jungen Flusses. Auf der Lombachalp, 1800 m ü.M., eingebettet zwischen Hohgant und Augstmatthorn, nimmt die Emme ihren Anfang. Einen langsamen vorerst, denn das Wasser der Lombachalp sammelt sich in einer ausgedehnten Moorlandschaft. Flyschböden verhindern das Versickern von Grund- und Regenwasser. Aus rund 1000 Hektar Flachmooren und 15 Hochmooren wird der Bach gespeist, der einmal zum Fluss werden soll. Dies geschieht auf den nächsten Kilometern ins Tal, denn von allen Seiten bekommt die junge Emme Wasser.

BEI KEMMERIBODEN, einst eines der viel besuchten Bäder im Emmental und nach wie vor ein beliebtes Ausflugsziel und guter Ausgangspunkt für Wanderungen ins Quellgebiet der Emme, zeigt sich der Fluss be-

Emme bei Zollbrück

SERVICE

Die Emme im Winterkleid

ANREISE: Bahn bis Langnau (KB 341, 460), Postauto von Langnau bis Kemmeriboden, Umsteigen in Wiggen (KB 460.30).

WANDERROUTE: Die gesamte Wanderstrecke von Kemmeriboden bis Luterbach bei Solothurn misst 80 km und folgt immer dem Lauf der Emme. Die gesamte Wanderzeit würde 25 Stunden dauern, d.h., die Wanderung muss in Etappen aufgeteilt werden. Von Schüpbach bis Luterbach folgt der Erlebnispfad Emme dem Veloweg. Die Route und die einzelnen Themen sind dargestellt in der Broschüre «Erlebnispfad Emme».

KARTE: Landeskarte 1:50000, Blätter 244 «Escholzmatt» und 233 «Solothurn».

AUSSTELLUNG: In Rüegsauschachen gibt es ein kleines Emme-Museum. Öffnungszeiten nach Vereinbarung, Tel. 034 460 70 70.

VERPFLEGUNG: Im Emmental kein Problem, denn in jeder Ortschaft gibt es gemütliche, gute Gasthöfe!

AUSKUNFT: Pro Emmental, Schlossstrasse 3, 3550 Langnau, Tel. 034 402 42 52, www.emmental.ch

EXTRATOUR: Ein Teil des Emme-Weges ist eine schöne Velotour von Langnau über Lützelflüh nach Burgdorf, sehr gut geeignet für Familien mit Kindern. Velovermietung am Bahnhof Langnau, Tel. 034 402 18 20.

reits sehr temperamentvoll. So richtig in Schwung kommt er in der Räblochschlucht, heute ein Tummelplatz für Canyoning-Fans, die sich vom wild sprudelnden Wasser mittragen lassen. Früher war dieser Emmeabschnitt ein gefährlicher Flaschenhals bei der Holzflösserei, der einzigen Methode, das Holz aus dem waldreichen oberen Emmental abzutransportieren. Die Flösser mussten sich in die Schlucht abseilen, um verkeilte Stämme zu lösen. Sie hätten wohl wenig Verständnis für Freizeitsportler, die freiwillig solche Risiken eingehen!

WER DEN FLUSS LIEBER gemächlicher erlebt, spaziert am Ufer, sucht schöne Picknickplätze am Kiesufer und bewundert die massiven Holzbrücken, die seit über hundert Jahren der zunehmenden Verkehrsbelastung standhalten. Sechs Holzbrücken spannen sich allein zwischen Eggiwil und Schüpbach über die Emme. Noch zu Beginn des 19. Jh. war diese kurze Reise nicht nur sehr zeitraubend, sondern auch gefährlich und nur zu oft verunmöglichten Hochwasser die Rückkehr. Mit der wirtschaftlichen Entwicklung und der zunehmenden Bedeutung des Handels mit Orten im unteren Tal wurden gute Verkehrswege unabdingbar. Ein dichtes Netz von Holzbrücken

Was noch?

Kemmeriboden BE – Solothurn

Emmenlandschaft

entstand, darunter etliche grosse Bogenbrücken im Stil des Brückenbauers Hans Ulrich Grubenmann. Das berühmteste dieser Meisterwerke der Zimmermannskunst ist die Hasle-Rüegsau-Brücke. Mit ihrer Spannweite von fast 60 Metern ist sie die einzige dieser Grösse, die in Europa noch existiert.

ABER NICHT NUR AUF SEHENSWERTE Brücken macht der «Erlebnispfad Emme» aufmerksam, sondern auf alle Aspekte des Flusses und des Lebens an einem Fluss wie der Emme, deren Wildwasser-Charakter besondere Massnahmen erfordert. Uferverbauungen und Schwellen schützen die Bevölkerung vor Hochwasserkatastrophen, wie sie wiederholt vorgekommen sind. Kleinkraftwerke, Mühlen und Sägereien nutzen die Wasserenergie. Kläranlagen garantieren eine gute Wasserqualität. Freizeitaktivitäten am Wasser wie Forellenfischerei, Riverrafting, Wandern, Velo fahren oder Gold waschen gehören ebenso zu den 80 Kilometern Flusslandschaft wie die Traditionen der Menschen, die die Dörfer und Städte entlang der Emme bewohnen. Es ist ein weiter Weg von den Alpen am Hohgant vorbei an typischen Emmentaler Dörfern wie Eggiwil oder Lützelflüh, vorbei an Burgdorf und dem idyllischen Wasserschloss Landshut bis nach Solothurn, wo die Emme in die Aare fliesst. Es ist eine Welt, die einem durch den «Erlebnispfad Emme» auf sehr anschauliche Art nahe gebracht wird.

 Das noch!

SCHLOSS LANDSHUT

Idyllisch von Wasser umflossen liegt Schloss Landshut in der Ebene zwischen Kirchberg und Utzenstorf. Zwischen 1624 und 1630 war das Schloss als Sitz eines bernischen Landvogtes auf einem Molassefelsen in der von Flüssen und Bächen durchflossenen Ebene in der Nähe der Emme erbaut worden. Doch soll schon im 13. Jahrhundert eine Burg auf eben dieser Erhöhung in der wasserreichen Ebene gestanden haben. Heute präsentiert sich Schloss Landshut romantisch umflossen von Mülibach und Ölibach, im Park sind Tufffelsen mit künstlichen Wasserfällen erhalten geblieben und im Schloss kann neben dem schweizerischen Museum für Wild und Jagd die bernische Wohnkultur des 17. Jh. bestaunt werden. Geöffnet: Mitte Mai bis Mitte Oktober Di–Sa 14–17 Uhr, So 10–17 Uhr.

AUSKUNFT: Schloss Landshut, 3427 Utzenstorf, Tel. 032 665 40 27.

Rheinfelden AG / Basel BS — 10

DURCHGESCHLEUST

Dicht bewachsene grüne Ufer, mittelalterliche Stadtsilhouetten, Natur, Tanklager, Ladekräne und Industriebauten bestimmen das Bild des Rheins auf der abwechslungsreichen Schifffahrt von Rheinfelden nach Basel. Besonders attraktiv wird die Reise auf der Wasserstrasse durch das zweimalige Schleusen.

KULTUR

FAMILIE

JAHRESZEIT

Rheinfelden AG / Basel BS

D ie Einstimmung ist perfekt. Der Spaziergang vom Bahnhof Rheinfelden durch die alte Zähringerstadt führt über verträumte Plätze, sonnige Gassen und gepflegte Parkanlagen zum grünen Rheinufer, wo die «Lällekönig» gerade einläuft. Über sichere Planken geht es aufs Schiff und dann hinaus auf den Fluss. Im ruhigen Wasser dümpeln ein paar Fischerboote und Lastkähne steuern das gegenüberliegende Ufer an. Bei Badisch Rheinfelden endet der Güterverkehr auf dem Wasser. Erster Stopp ist Kaiseraugst nach einem spannenden Anlegemanöver, denn das Schiff muss gegen die Strömung eindrehen. So bleibt genug Zeit, Start und Landung der Störche zu beobachten, die sich auf dem Kaiseraugster Kirchturm eingerichtet haben.

DANN IST DIE SCHLEUSE beim Kraftwerk Augst erreicht. Elegant fädelt sich die

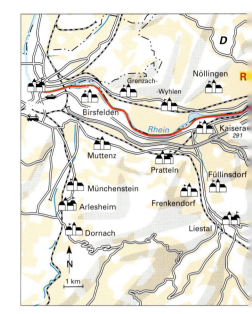

Basel – Stadt am Rhein

SERVICE

ANREISE: Mit der Bahn nach Rheinfelden (KB 700). Vom Bahnhof ca. 8 Minuten Fussweg bis zur Schifflände. Mit dem Auto: Parkhaus in Rheinfelden, ca. 4 Minuten bis Schiffsanleger.

FAHRPLAN: Kursfahrten von Ostersonntag bis Mitte Oktober (KB 3700). Dauer der Fahrt Rheinfelden – Schifflände Basel 2 Stunden, bis Rheinhafen 2 Stunden 15 Minuten.

FAHRPREIS: Einfache Fahrt bis Rheinhafen/Dreiländereck Fr. 28.–, mit Halbtax-Abo Fr. 14.–, Kinder mit Juniorkarte fahren gratis.

RESTAURANTS: In Rheinfelden, Restauration auf dem Schiff, in Basel. Speziell: Restaurant «Dreiländereck» am Dreiländereck, mitten im Rheinhafen Kleinhünigen und mit Blick auf Deutschland, Frankreich und die Schweiz. Tel. 061 639 95 40.

AUSSTELLUNG: «Verkehrsdrehscheibe Schweiz und unser Weg zum Meer»: Museum an der Westquaistrasse im Basler Rheinhafen. Geöffnet März bis November Di–So 10–17 Uhr, Dezember bis Februar nur Di, Sa und So. Tel. 061 631 42 61.

AUSKUNFT: Basler Personenschifffahrt, Postfach, 4019 Basel, Tel. 061 639 95 00. www.bpg.ch

Spannende Flussfahrt

«Lällekönig» in den Kanal ein, die Tore schliessen hinter dem Schiffsheck und alle Passagiere beobachten gespannt, wie Wasserniveau und Schiff tiefer und tiefer sinken. 6,65 Meter beträgt der Höhenunterschied. Bald sind nur noch die nass glänzenden Schleusenwände an Backbord und Steuerbord zu sehen. 110 Meter lang und 12 Meter breit ist die Schleuse, die Wände sind sehr nah und haushoch. Dann öffnen sich die Schleusentore und das Schiff fährt wieder auf den offenen Fluss hinaus.

DIE UFERLANDSCHAFT ÄNDERT sich zusehends. Das Schweizer Ufer wird zur Industrielandschaft, Schweizerhalle, Sitz der Vereinigten Schweizerischen Rheinsalinen und bedeutender Chemiewerke, und der Auhafen Muttenz sind bereits Teil der grossen Hafenanlagen, wo jährlich rund 4 Millionen Tonnen Güter umgeschlagen werden. Riesige, glänzende Lagersilos für flüssige Treib- und Brennstoffe, Speiseöl und Getreide bilden die faszinierende Industrielandschaft und es kommt ein bisschen Meergefühl auf, ein Hauch von weiter Welt. Am deutschen Ufer winken Badende, zwischen Sandbänken und Schwemmholz kreuzen Enten und Schwäne, ein Uferdschungel voller Kontraste.

DIE BIRSFELDER SCHLEUSE ist noch ein Stück länger und tiefer als die Augster, der Schleusenvorgang noch beeindruckender. Nach Birsfelden wird es städtisch,

Was noch?

Rheinfelden AG / Basel BS

In der Schleuse

Brücken, Häuser, Industrieanlagen begleiten die Fahrt. Am Ufer liegen grosse Lastkähne, auf einem Deck flattert Wäsche und Geranien blühen vor dem Kajütenfenster. Immer wieder lockern Grünbereiche die Hafenanlagen auf. Nach der Schwarzwaldbrücke fallen die Fischergalgen auf, Ausleger mit Netzen über dem Fluss. Dazu gehören Holzhäuschen, die heute meistens als Weekendhäuschen genutzt werden. Denn lang ist es her, seit so viele Lachse den Rhein hinauf schwammen, dass die Dienstbotenordnung von Basel die Herrschaften ermahnten, dem Personal nicht öfter als dreimal pro Woche Lachs aufzutischen.

DANN IST BASEL-STADT erreicht. Das St.-Alban-Tal mit seinen schönen alten Bürgerhäusern, die Wettsteinbrücke, das Münster ziehen hoch über den Köpfen vorbei. Nun bekommt man die flussseitigen Fassaden der prachtvollen Stadtbauten erst richtig zu sehen. 2 Stunden nach Abfahrt legt die «Lällekönig» an der Basler Schifflände an. Wer hier aussteigt, ist gleich mitten in der lebendigen City. Oder man fährt weiter bis Rheinhafen/Dreiländereck und lässt sich Hafenluft um die Nase wehen.

 Das noch!

RHEINFELDEN

Die Geschichte Rheinfeldens geht zurück bis 1130, als der Zähringer Graf Berchtold II. die Stadt gründete. Aber eigentlich beginnt die Geschichte vor 210 Mio Jahren, als die ganze Region vom Jura-Meer bedeckt war. Diesem Meer verdankt Rheinfelden seine Salz- und Solevorkommen und damit seinen Aufstieg als Kurort seit Mitte des 19. Jahrhunderts. Ein Spaziergang durch das Bilderbuchstädtchen, ein erholsames Bad in der Natursole und der Besuch der Sehenswürdigkeiten in der Umgebung, von der Römerstadt Augusta Raurica über die Salinen Riburg und Schweizerhalle bis zur Brauerei Feldschlösschen, gehören unbedingt ins Besuchsprogramm.

Basel, Rhein und Münster

AUSKUNFT: Tourismus Rheinfelden, 4310 Rheinfelden, Tel. 061 833 05 25. www.rheinfelden.ch

Grellingen – Meltingen BL — 11

STAUNEN IM CHESSILOCH

In vielen Windungen hat sich die Birs ihren Weg durch den Faltenjura gesucht. Bei Grellingen fliesst ihr der Ibach vom Meltingerberg herkommend durch eine tiefe, von Kalkfelsen gesäumte Schlucht zu, die alles enthält, was eine romantische Wanderung garantiert: wildwuchernde Vegetation, Höhlen, Brücken, Felsen, lauschige Picknickplätze und ein erstaunliches Denkmal aus dem Ersten Weltkrieg.

Grellingen – Meltingen BL

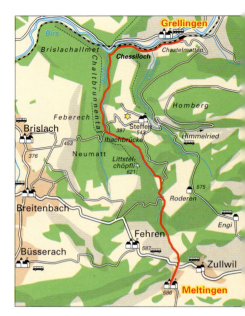

Sobald die Bahn nach Aesch ums Birsknie herum ins Laufental einbiegt, scheint der Grossraum Basel in eine andere Welt zu verschwinden. Die Richtung Süden vordringenden Ausläufer der Basler Agglomeration werden vom Blauen gestoppt; Bauernhöfe, kleine Weiler und in der Sonntagssonne leicht schläfrig wirkende Dörfer bestimmen das Bild entlang der Jurahügel. Aber man sollte sich nicht täuschen lassen. Die Juraklus bei Grellingen war einst ein strategisch höchst wichtiger Posten. Im 1. und im 2. Weltkrieg sassen Truppen im Chessiloch und bewachten die Brücken der Jurabahnlinie, die dort zweimal in kürzestem Abstand die Birs überquert. Einmal fürchtete die Schweizer Heeresleitung, die Deutschen könnten heimlich Truppen von Basel her durchs Laufental und die Ajoie nach Frankreich verlegen, oder die

Im Kaltbrunnental

SERVICE

ANREISE: Mit der Bahn von Basel bis Grellingen (KB 230), Rückfahrt von Meltingen mit Postauto nach Laufen (KB 230.60).
WANDERROUTE: Bahnhof Grellingen – Chessiloch – Kaltbrunnental – Meltingen. Zeitbedarf 2 Stunden 30 Minuten, leichte Wanderung.
WEITERWANDERN: Von Meltingen über den Meltingerberg zum Kloster Beinwil BL. Oder Meltingen – Meltingerberg – Riedberg – Passwang – Ramiswil. Oder von Meltingen hinüber zur Ruine Gilgenberg und von dort hinunter nach Zullwil.
KARTE: Landeskarte der Schweiz 1:25 000 Blätter 1087 «Passwang» und 1067 «Arlesheim». Oder Wanderkarte 1:60 000, Aargau – Basel-Stadt – Basel-Land – Olten (Kümmerly + Frey).
VERPFLEGUNG: Restaurants in Grellingen, Rest. «Kaltbrunnen» in Stetten oberhalb des Chaltbrunnentals (Mo + Di geschlossen), Meltingen. Sehr schöner Picknickplatz mit Feuerstellen im Chessiloch.
AUSKUNFT: Verkehrsverein Baselland, Rathausstr. 36, 4410 Liestal, Tel. 061 921 58 07, www.baselland-tourismus.ch

Chessiloch

Meltingen

Bahnlinie, die für den Schweizer Nachschub in den «Pruntruter Zipfel» wichtig war, sabotieren. Deshalb waren alle Brückenpfeiler miniert. Doch zum Glück näherte sich nie ein Feind und die Soldaten, die in den Baracken und Kalksteinhöhlen im zugigen, feucht-kalten Chessiloch ihren Dienst taten, hatten Musse für andere Aktivitäten. Sie schmückten Felswände und Wiesen mit den bunten Wappen ihrer Kompanie.
DER FUSSWEG VOM BAHNHOF Grellingen entlang von Birs und Bahnlinie ins Chessiloch ist noch nichts Spektakuläres. Umso grösser die Überraschung, wenn man ins Chessiloch einbiegt. In frischer Farbe leuchten Schweizerkreuze, Kantonswappen, eine etwas erschrockene Helvetia, Wilhelm Tell, Landsknecht und Kompanieabzeichen an Felswänden. Darunter stehen bemalte und behauene Steine wie Gartenzwerge in der Wiese, Kinder spielen rund um die Büste von General Wille und in der Höhle feiert eine jugoslawische Familie. Es duftet nach Moos, nassem Waldboden und gebratenem Fleisch. Eine friedliche Szene, deren kriegerischen Ursprung man kaum

Was noch?

Grellingen – Meltingen BL

Ruine Gilgenberg

vermutet. Die Gedenksteine hatten 1918 bis 1934 im Depot des Historischen Museums in Bern Staub angesetzt, dann wurden sie renoviert und ins Chessiloch zurückgebracht. Die Wandmalereien waren 1997/98 einer gründlichen Verjüngungskur unterzogen worden.

IM CHESSILOCH NIMMT der Wanderweg durchs Kaltbrunnental seinen Anfang. Die tiefe Höhle im Wappenfelsen ist nur die erste eines ganzen Höhlensystems, das sich durchs Kaltbrunnental zieht. Die «Heidenküche» taucht nach etwa 10 Minuten Wanderung auf, 13 m über der Talsohle. Fundstücke beweisen, dass diese Höhle zwischen 30 000 und 12 000 v. Chr. immer wieder Menschen Unterschlupf geboten hatte, genau wie die Kohlerhöhle und die Kastelhöhle weiter oben. Ausgerüstet mit Taschenlampen kann man sich in den Höhlen umsehen. Aber darin wohnen? Eine Pause reicht auch, dann geht es weiter durchs romantische Tal. Immer wieder wechselt der Weg von einer Seite zur andern, insgesamt sind es 12 Brücken. Seichte Stellen ergeben ideale Spielplätze für Kinder und Wanderer schätzen den Schatten des dichten Laubwaldes. Wer nicht beim Bach picknicken möchte, kann bei der Ibachbrücke dem Wegweiser zum Restaurant «Kaltbrunnen» folgen, wobei der Restaurant-Ausflug mit der Überwindung von 150 Höhenmetern verdient werden muss. Oder man wandert weiter bis Meltingen, einst bekannt für seine Mineralquelle. Abgefüllt und verkauft wird das Wasser schon seit Jahren nicht mehr, aber es fliesst in jedem Dorfbrunnen aus der Röhre. Deshalb – Flaschen füllen und seine private Portion Meltinger Mineralwasser mit nach Hause nehmen.

 Das noch!

LAUFEN IM LAUFENTAL

Laufen, seit 1295 Stadt, hat eine bewegte Geschichte hinter sich – ebenso bewegt wie die Birs, die mit ihren Schnellen, den «Laufen», dem Städtchen den Namen gegeben hat. Denn Laufen wurde immer wieder aus Geldnot von den Basler Bischöfen, denen die Stadt gehörte, verpfändet, 1499 von den Solothurnern und 1792 von den Franzosen besetzt, war mal reformiert, danach wieder katholisch. Dann kam es zu Bern und blieb nach der Abtrennung des Kantons Jura bei Bern und wechselte 1994 zum Kanton Baselland. Die wechselvolle Geschichte kann im Laufentaler Heimatmuseum nachvollzogen werden. Sehenswert sind die barocke Katharinenkirche, Ober- und Untertor, die noch auf einer Länge von 400 m erhaltene Stadtmauer, das Amtshaus, einst Verwaltungssitz des Bischofs, und das ehemalige Rathaus.

AUSKUNFT: Verkehrsverein Baselland, Rathausstr. 36, 4410 Liestal, Tel. 061 921 58 07, www.baselland-tourismus.ch

Brugg – Aarau AG   12

AN DER BLAUEN BLAUEN AARE

Idylle und Industrie – auf den ersten Blick gehen die zwei Begriffe nicht zusammen, und doch passen sie perfekt zum Ausflug entlang der Aare zwischen Brugg und Aarau. Ob man zu Fuss oder auf dem Velo unterwegs ist, die Tour durch Flussauen vorbei an Burgen, Bädern und Fabriken macht Spass und bietet sowohl Abwechslung wie Naturerlebnis.

KULTUR

ABENTEUER

FAMILIE

JAHRESZEIT

Brugg – Aarau AG

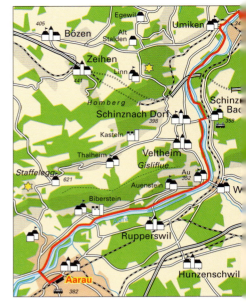

Prophetenstädtchen» war einst der Übername des Städtchens Brugg, wo unter der Herrschaft der Berner eine bekannte Lateinschule eingerichtet worden war, an der zukünftige Pfarrer, eben «Propheten», lernten. Wer im Brugger Bahnhof ankommt, fühlt jedoch wenig vom prophetischen Geist, denn die Bauklötze einer riesigen Shopping-Überbauung schieben sich als gewaltige Riegel zwischen Bahnhof und Stadt und engen den Horizont aufs Konsumieren ein. «Brückenstädtchen» passt da schon besser, denn von der Brücke über die hier 15 Meter breite und 15 Meter tiefe Aare bekam die Stadt den Namen. Bereits die Römer hatten diesen Übergang benutzt und im Mittelalter war Brugg ein wichtiger Verkehrsknotenpunkt.

DURCH DIE SCHÖNE ALTSTADT führt der Weg hinunter zur Aare, vorbei am

Schloss Habsburg

SERVICE

ANREISE: Mit den SBB nach Brugg (KB 650, 701).
ROUTE: Bahnhof Brugg – Altstadt – Bad Schinznach – Auenstein – Biberstein – Aarau. Es bestehen viele Möglichkeiten, die Aare auf Brücken und Stegen zu überqueren, die Route links oder rechts der Aare kann frei gewählt werden. Zeitbedarf für die Wanderung ca. 4 Stunden 40 Minuten, mit dem Velo ca. 2 Stunden (21 km).
KARTE: Wanderkarte Kanton Aargau 1:50 000, Veloland Schweiz, Offizieller Routenführer Band 3, Aare Route (Werd Verlag).
VERPFLEGUNG: Restaurants in Brugg, Schinznach, Holderbank, Auenstein, Biberstein, Aarau.
AUSKUNFT: Aarau Info, Graben 42, 5000 Aarau, Tel. 062 824 76 24, und Verkehrsverein Brugg, c/o SBB Reisebüro Kuoni, Bahnhofplatz 2, 5200 Brugg, Tel. 056 460 82 13.

Am Geoweg Aargau

Wo gehts weiter?

Schwarzen Turm, erbaut in der zweiten Hälfte des 12. Jh. Doch vor der Brücke zweigt der Pfad links ab und folgt, unter der Eisenbahnbrücke der Bözberglinie hindurch, vorerst dem rechten Ufer der Aareschlucht. Bald ist das erste Schloss am Weg erreicht, Altenburg, dessen Grundmauern auf ein spätrömisches Kastell aus dem Jahre 370 zurückgehen. Das Schlösschen, erst im Besitz der Habsburger und später der Effinger, ist seit 1940 romantische Jugendherberge. Zwischen Umiken und der über die Aare führenden Autobahnbrücke geht es durch ein Modell-Auengebiet mit stillen Flussarmen, Tümpeln, Kiesbänken und reicher Fauna und Flora. Diese Renaturierung sollte den Eingriff durch den Autobahnbau korrigieren. Die Zeit hat gut nachgeholfen, das Auenbiotop lebt und die Wegstrecke durch Auschachen und Badschachen gehört zu den schönsten dieser Wanderung.

SCHON GRÜSST DAS nächste Schloss von der Höhe, die Habsburg auf dem Wülpelsberg, Stammsitz der Habsburger, die allerdings nur von ca. 1030 bis 1230 auf der Habsburg residierten. Denn mit der grossen Karriere von Rudolf I. von Habsburg genügte die Festung auf dem Wülpelsberg nicht mehr, als Römischer König suchte er reprä-

Was noch?

Brugg – Aarau AG

sentativere Residenzen. Heute würde er vielleicht als Badegast zurückkehren, denn Bad Schinznach am Fusse des Wülpelsberg, die nächste Station auf der Tour, gelegen in einem wunderschönen Park, bietet königliche Badvergnügen. Um 1650 wurde die Schwefelthermalquelle entdeckt und seither wird im heilkräftigen Wasser gebadet. Nach Schinznach Bad ist ein Uferwechsel angesagt, aber nicht notwendig. Holderbank grüsst mit Zementstaub und Wildegg mit dem gleichnamigen Schloss, ebenfalls von den Habsburgern erbaut und bis ins 20. Jh. durchgehend bewohnt. Bald taucht der Weg wieder ein in den Schatten von Auenwäldern. Zwischen Auenstein und Biberstein ist ein Badehalt angesagt und ein erneuter Seitenwechsel beim EW Biberstein. Immer direkt an der Aare, die trotz Staumauern, Dämmen und Kanälen recht natürlich erscheint, geht es durch lichtes Gehölz. Der grosse Berner Bär an der Fassade von Schloss Biberstein am anderen Ufer stammt noch aus der Zeit, als die Berner Vögte von hier aus ihren Aarauer Besitz kontrollierten.

SCHÖNE PICKNICKSTELLEN, seichte Buchten, Uferpartien locken zu langen Pausen. Aber vielleicht möchte man lieber einkehren – in Aarau, dem Ziel der Tour. Und etwas Zeit sollte unbedingt für einen Spaziergang durch die Aarauer Altstadt reserviert werden. Aarau, eine Gründung der Kyburger, erlebte seine grosse Zeit im 18. und 19. Jh., 1798 war die Stadt sogar für kurze Zeit Hauptstadt der Schweiz. Viele der stolzen Bürgerhäuser aus dieser Zeit mit ihren farbig bemalten Dachhimmeln sind erhalten geblieben und in den letzten Jahren renoviert worden.

 Das noch!

BAD SCHINZNACH

1663 lobte der Zürcher Arzt Jakob Ziegler das nach faulen Eiern riechende Schwefelthermalwasser von Schinznach in höchsten Tönen. Es solle dienlich sein «den Weibspersonen, die im Gebären verderbt sind ... bringt den Jungfrauen ihre verloren Blum alsbald wieder ... stärkt die schwachen und matten Glieder und ist endlich geholfen den Melancholischen und Schwermütigen». Heute braucht man etwas andere Worte, um ähnliche Inhalte auszudrücken. Die nach modernsten Bedürfnissen erbauten Badanlagen von Schinznach garantieren nicht nur Entspannung und Badevergnügen im 35° warmen, mineralreichen Wasser, sondern echte Erholung und Heilung. Familien mit Kindern sind im Aquarena willkommen, für die Whirlpools, Strömungsbad und grosse Aussenbecken die Attraktionen sind.

AUSKUNFT: Aquarena, 5116 Schinznach Bad, Tel. 056 463 75 05, www.bad-schinznach.ch

Aquarena

Seengen AG / Mosen LU

13

FRANZ AUF DER MAUR

RUND UM DEN HALLWILERSEE

Er lässt sich in einem Tag umwandern und ist mit 10,3 Quadratkilometer Fläche doch ein beachtliches Gewässer: der aargauisch-luzernische Hallwilersee. Eines der schönsten Aargauer Schlösser, das Wasserschloss Hallwyl, steht an seinem Nordufer, während im Osten und im Westen dicht bewaldete Höhenzüge mit Aussichtstürmen zu Abstechern mit Blick über das Seetal, die «Visitenkarte» des Aargaus, verführen.

KULTUR

ABENTEUER

FAMILIE

JAHRESZEIT

Seengen AG / Mosen LU

Wie so viele schöne Landschaften in der Schweiz, ist auch der Hallwilersee ein Kind der Eiszeit. Als sich der Reussgletscher vor rund 14 000 Jahren zurückzog, blieben in den Mulden zwischen den Hügelzügen sogenannte Toteisblöcke liegen, das heisst, riesige Eisblöcke, die nur langsam schmolzen und damit verhinderten, dass sich die Mulden mit Steinen und Geröll auffüllten. Das Schmelzwasser konnte jedoch nicht abfliessen, weil eine Stirnmoräne bei Seengen eine natürliche Staumauer bildete. Das Resultat ist ein lang gezogener, flacher See, der in Sumpf-, Ried- und Moorlandschaften ausufert, umgeben von einer ruhigen, grünen, weitgehend intakten Landschaft – ein Freizeitparadies.

IM SOMMER HERRSCHT reger Betrieb am und auf dem See, Ausflugsschiffe, Segel- und Ruderboote, Luftmatratzen und

Hallwilersee

SERVICE

ANREISE: Mit der Bahn von Lenzburg nach Boniswil-Seengen (KB 651) oder mit dem Postauto von Lenzburg zum Schloss Hallwyl (KB 653.11).

SCHIFFFAHRT HALLWILERSEE: Kurs- und Rundfahrten vom 1. Sonntag im April bis zum letzten Sonntag im Oktober, Rundfahrten von Seengen bis Mosen nur an Sonn- und Feiertagen, Rundfahrten bis «Seerose» und Beinwil auch an Werktagen. Auskunft: Schifffahrtgesellschaft Hallwilersee, 5616 Meisterschwanden, Tel. 056 667 00 00, www.schifffahrt-hallwilersee.ch

WANDERROUTE: Schloss Hallwyl – Seengen – Delphin – Seerose – Aesch – Mosen – Beinwil am See – Birrwil – Schloss Hallwyl. Zeitaufwand: 5 Stunden.

KARTE: Wanderkarte Kanton Aargau 1:50 000.

VERPFLEGUNG: In allen Orten und bei den Schiffsanlegern.

AUSKUNFT: Seetaltourismus, 5707 Seengen, Tel. 062 772 06 63, www.seetaltourismus.ch

TIPP: In Beinwil direkt am See und beim Strandbad liegt eine der schönsten Jugendherbergen der Schweiz, ideal für Familienferien. Jugendherberge Beinwil, Seestrasse 71, 5712 Beinwil am See, Tel. 062 771 18 83, www.youthhostel.ch/beinwil

Blütezeit

Jugendherberge Beinwil

Schlauchboote verteidigen ihre Ansprüche auf ihre Quadratmeter Wasser. An den Strandbädern wird gegrillt und gesonnt, Wochenendausflügler bevölkern Feuerstellen und Campingplätze. Doch es bleibt genug Raum und Ruhe für Wanderer. Der Hallwilersee ist einer der wenigen grösseren Seen mit einem durchgehenden Uferweg. Rechtzeitig hatten die Verantwortlichen erkannt, dass Uferschutz notwendig ist, um zu verhindern, dass immer mehr Private ihr Stück Ufer abtrennen und die Wanderer ins Abseits schicken. 1935 wurde die erste Uferschutzverordnung erlassen, 1986 die gesamte Hallwilersee-Uferlandschaft unter Schutz gestellt, eingeteilt in unterschiedlich nutzbare Zonen. Schwieriger ist der Schutz des Wassers. Seit Jahren muss der vom Erstickungstod bedrohte See künstlich beatmet werden, um die Qualität der Fünfzigerjahre wieder herzustellen. Der Grund ist die intensive Landwirtschaft, der See ist nach wie vor überdüngt.

Was noch?

Seengen AG / Mosen LU

DOCH SOLCHE PROBLEME scheinen weit weg bei der sonnigen Sommerwanderung vom Schloss Hallwyl her, vorbei am geschützten Boniswiler Ried, dem ehemaligen Schlösschen Brestenberg, Schiffsanlegern und Strandbädern. Die Dörfer Tennwil, Meisterschwanden und Aesch liegen etwas abseits vom Ufer auf sicherem, trockenem Gelände. So ist eine breite Uferzone erhalten geblieben. Weshalb das so ist, merkt man spätestens auf dem Weg um den Seekopf von Aesch nach Mosen, denn der Weg führt durch ein ausgedehntes Sumpfgebiet. Doch bis man Aesch erreicht hat, kann es dauern, zu verlockend sind die Strandbäder und Seerestaurants mit ihren schattigen Terrassen und vielen Fischspezialitäten. Was lockt mehr, das Strandbad «Seerose» oder das Strandbad Beinwil? Und die Terrasse des Seehotels «Delphin» liegt so einladend bei der Schiffstation. Vielleicht ist es ja klüger, nach ausgiebigem Sonnenbad oder Mittagsmahl die Wanderung abzukürzen. Wofür gibt es überall die Möglichkeit, aufs Schiff umzusteigen und einen Teil der

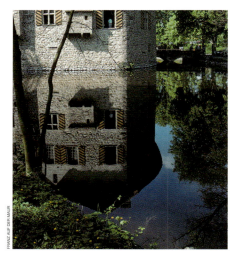

Wasserschloss Hallwyl

Strecke übers Wasser zurückzulegen? Welche Seeseite man auch wählt für die Wanderung – eine Schiffsfahrt und ein Bad sollten immer eingeplant werden. Und plötzlich fühlt man sich, gar nicht weit weg von Alltagsstress und Ballungszentren, wie in den Ferien.

 Das noch!

ZU BESUCH IM SCHLOSS HALLWYL

So zeichnen Kinder ihre Traumschlösser: romantisch umwucherter Wassergraben mit Zugbrücke, Mauern, Türmen, Zinnen und Wehrgängen. So ist Schloss Hallwyl. Nur, dass die im 12. Jh. von den Herren von Hallwyl auf zwei Inseln erbaute Doppelburg noch viel romantischer ist. In den letzten Jahren ist das Schloss, das während 800 Jahren im Besitz der Gründerfamilie war, sehr sorgfältig und nach modernsten Ausstellungskonzepten renoviert worden. Neu eingerichtet wurde die Ausstellung «Brauchtum und Gewerbe im Seetal», mit vielen Aktivitäten für Kinder, sowie die im Jahre 2002 wieder eröffnete hintere Insel mit den Themenschwerpunkten «Schalten + Walten», «Beten + Hoffen» und «Säen + Ernten», gezeigt am Beispiel der Familiengeschichte derer von Hallwyl. Geöffnet Anfang April bis Ende Oktober Di–So 10–17 Uhr. Eintritt Erwachsene Fr. 5.–, Kinder Fr. 3.–. 2002/03 ist das Wohnmuseum auf der vorderen Insel wegen Umbauarbeiten geschlossen.

AUSKUNFT: Schloss Hallwyl, 5707 Seengen, Tel. 062 767 60 10, www.schlosshallwyl.ch.

Baden – Brugg AG

14

INDUSTRIE AM WASSER

Webereien, Spinnereien, Maschinenfabriken, Chemieunternehmen, Eisenbahnbauten und Wasserkraftanlagen entstanden im Laufe des 19. und des 20. Jahrhunderts entlang dem Limmatufer und beim Zusammenfluss von Aare und Reuss. Ein Erlebnispfad durch Industriegebiete und Naturlandschaften verdeutlicht die Bedeutung des Wassers für die Entwicklung einer Region.

KULTUR

ABENTEUER

FAMILIE

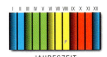
JAHRESZEIT

Baden – Brugg AG   14

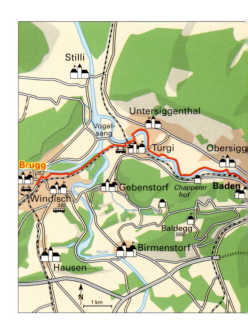

Eine Wanderung entlang von Industriebauten, mitten durch dichtest besiedeltes Gebiet, vorbei an Fabrikarealen und Rangierbahnhöfen bietet sich nicht so direkt als erholsames Ausflugsziel an. Doch das ist ein Vorurteil, denn die Tour von Wettingen via Baden, Turgi, Untersiggenthal, Vogelsang und Windisch nach Brugg ist nicht nur industrie- und kulturhistorisch ein Leckerbissen, sondern beweist auch, dass mitten in Industriegebieten wunderschöne Naturinseln und Idyllen überlebt haben, die zu entdecken sich lohnen.

TRIEBFEDER DER INDUSTRIELLEN Entwicklung war die Nutzung der Wasserenergie. An Limmat und Reuss entstanden in den ersten Jahrzehnten des 19. Jh. ein Netz von Baumwollspinnereien und Webereien und in der Folge ein System von Kanälen, Wasserspeichern und Energieüber-

Beim Kloster Wettingen

Bäderquartier

SERVICE

ANREISE: Mit der Bahn bis Bahnhof Wettingen (KB 650.2).

WANDERROUTE: Bahnhof Wettingen – EW-Wettingen – Baden – Ennetbaden – Nussbaumen – Turgi – Vogelsang – Windisch – Brugg.

WANDERZEIT: Die Gesamtlänge des Industriekulturpfades beträgt ca. 25 Kilometer, es ist deshalb empfehlenswert, die Wanderung in Etappen von ca. ½ bis 1 Tag aufzuteilen. Genug Zeit einrechnen für das Lesen der Informationstafeln.

KARTE/FÜHRER: Wanderkarte Kanton Aargau 1:50 000. Führer zum Industriekulturpfad Limmat-Wasserschloss, erhältlich bei: Geschäftsstelle Industriekulturpfad Limmat-Wasserschloss, Historisches Museum Baden, 5400 Baden, Tel. 056 222 75 74, www.baden.ch

VERPFLEGUNG: In allen Ortschaften am Weg. Im Führer zum Industriekulturpfad sind alle Restaurants und Grillplätze in unmittelbarer Nähe zur Route eingezeichnet.

AUSKUNFT REGION: Baden Tourismus, Bahnhofstr. 1, 5400 Baden, Tel. 056 200 83 83. www.baden.ch.

EXTRATIPP: Besuch des Elektro-Museums Kraftwerk Kappelerhof Baden, geöffnet Mi 14–17 Uhr und Sa 11–15 Uhr, Eintritt gratis. Im Roggebode 19, 5400 Baden, Tel. 056 200 22 00.

tragungsanlagen, von denen viele im Originalzustand erhalten sind und teilweise noch genutzt werden. Die meisten der Fabriken gehörten Zürcher Unternehmern – eine schnelle Verbindung nach Baden war wünschenswert. Die legendäre «Spanisch-Brötli-Bahn», die erste Eisenbahnlinie der Schweiz, wurde also nicht wegen der Liebe der puritanischen Zürcher zum Badebetrieb in der «Lasterstadt» gebaut, sondern aus wirtschaftlichem Kalkül. In der zweiten Hälfte des 19. Jh. diversifizierte sich das Industrieangebot, Maschinenfabriken entstanden, später, nach der Elektrifizierung und nach der Krise der Textilindustrie, wurden sie zum Hauptmagneten der weiteren Entwicklung.

DEN ANFÄNGEN, DEN WICHTIGSTEN Entwicklungsschritten und der Umwandlung einer Industrielandschaft in eine Dienstleistungsregion folgt der Industriekulturpfad. Er führt vorbei an nostalgisch wirkenden Spinnereien, die heute Kunstateliers beherbergen, an romantischen Flusspartien, an Wohnsiedlungen, deren Namen darauf hinweisen, dass sie auf dem Areal von ehemaligen Webereien erbaut wurden. An manchen Standorten erinnern nur noch Tafeln, dass hier einst Hunderte von Menschen arbeiteten. Andere Fabriken haben bis heute überlebt, aber den Namen geändert. Einen Kontrast zu den Industriebauten setzen nicht nur der Fluss, sondern auch

Was noch?

Baden – Brugg AG

Villa Langmatt

die Villen der früheren Fabrikbesitzer, so die Villa Boveri und die Villa Langmatt, heute als Wohn- und Kunstmuseum dem Publikum zugänglich.
NACH DEM PFLASTERWANDERN in Baden folgt der Weg dem grünen Lauf der Limmat. Man wähnt sich in einer anderen Welt: Dicht bewachsene Ufer, Picknickplätze, Wasservögel, Auenvegetation. In Turgi, einem der ersten reinen Industriedörfer und Eisenbahnknotenpunkte der Schweiz und heute mehrheitlich Schlafstadt, wird ein Friedhofsbesuch vorgeschlagen. Hier hatten sich die Industriellendynastien Kappeler, Zai, Bebié und Landolt prachtvolle Grabstätten geschaffen – auch darüber ist Unkraut gewachsen. So ändern sich Schicksale im Wechselbad der Epochen. Vom einstigen Reichtum dieser Familien zeugt noch der riesige Gebäudekomplex der Spinnerei Bebié, bis 1858 die grösste der Schweiz. Energiegeschichte live ist beim Kraftwerk Stroppel in Turgi verfolgbar, welches seit 1908 kaum verändert wurde. Danach taucht der Weg wieder ein in die üppige Ufervegetation und präsentiert erst wieder in Brugg und Windisch eine ganze Portion Industriebauten. Das ist Geschichte live, spannend, interessant, nachvollziehbar.

 Das noch!

BADEFREUDEN

Um 20. n. Chr. planschten die ersten Legionäre im Thermalwasser (47°C) von Aquae Helveticae, und seither hat das Badevergnügen sich nur gewandelt, aber nie aufgehört. Im Mittelalter wurde in offenen Gemeinschaftsbädern dem Badespass gefrönt, im Barock ausgiebig im warmen Wasser gefeiert, und im 19. Jahrhundert gehörte das Kuren in Baden zum guten Ton. Im 20. Jahrhundert sank der Badestern über Baden und das romantische Bäderquartier verfiel in einen Dornröschenschlaf. Doch in den letzten Jahren ist es wieder zu einer Attraktion für Wellnessbegeisterte geworden. Neue Badeanlagen im «Novum Spa» im Limmathof, komfortable Hotelzimmer und gute Restaurants ergänzen sich bestens.

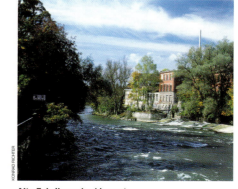

Alte Fabrik an der Limmat

AUSKUNFT: Baden Tourismus, Bahnhofstr. 1, 5400 Baden, Tel. 056 200 83 83. www.baden.ch.

Kaiserstuhl AG

15

GRENZENLOSER KUNSTGENUSS

Wasser trennt und Wasser verbindet. Um von einem Ufer zum andern zu kommen, muss eine Brücke gebaut werden – von beiden Seiten her. Ist der Fluss gleichzeitig Landesgrenze, braucht es zusätzliches Engagement, die Verbindung herzustellen. Kaiserstuhl (CH) und Hohentengen (D) haben dies mit einem gemeinsamen Skulpturenweg «Übers Wasser – übers Land» erreicht.

KULTUR

ABENTEUER

FAMILIE

JAHRESZEIT

Kaiserstuhl AG

Die beiden Dörfer liegen nur einen Kilometer auseinander. Man kennt sich, man spricht fast die gleiche Sprache, hat eine jahrhundertealte gemeinsame Geschichte, kauft hier ein, geht dort ins Theater und feiert zusammen Feste. Und doch trennt mehr als ein Fluss die beiden Nachbarorte. Das Städtchen Kaiserstuhl liegt am Schweizer Ufer, die Gemeinde Hohentengen auf der deutschen Seite. Dazwischen fliesst breit und schilfgrün der Rhein, gesäumt von schattigen Wanderwegen.

BEI KAISERSTUHL FÜHRT EINE Brücke über den Fluss, 5 Kilometer weiter flussaufwärts beim Kraftwerk Eglisau ein Fussgängersteg. Die rund 10 Kilometer lange Rundwanderung in der romantischen Flusslandschaft ist ein beliebtes Ausflugsziel. Seit einiger Zeit ist diese Wanderstrecke um 10 Attraktionen reicher: Künstler aus der

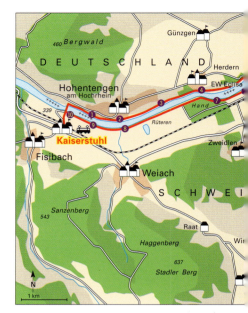

Blick auf Kaiserstuhl

SERVICE

ANREISE: Mit der Bahn (KB 761) bis Bahnhof Kaiserstuhl. Der Wanderweg ist signalisiert. Parkplätze beim Bahnhof und bei der Bezirksschule.

WANDERROUTE: Kaiserstuhl – Rheinbrücke – Rheinuferweg bis Kraftwerk Eglisau – Rheinuferweg zurück bis Kaiserstuhl. Länge 9,5 Kilometer. Der Weg beansprucht ca. 2 Stunden. Führer «Übers Wasser – übers Land» ist erhältlich in den Restaurants und bei der Gemeinde Kaiserstuhl (Adresse unten). Gute Schuhe von Vorteil, da Wegabschnitte feucht und rutschig sein können.

WEITERWANDERN: Immer dem Rhein entlang flussabwärts (auf Schweizer Seite) erreicht man nach 3 Stunden Zurzach. Auf dem Gottfried-Keller-Dichterweg Rhein aufwärts bis Rheinfelden und über den Laubberg nach Glattfelden.

VERPFLEGUNG: Restaurants in Kaiserstuhl und Hohentengen.

RHEINSCHIFFAHRT: Kursfahrten Mi und So Nachmittag ab Kaiserstuhl. Informationen Tel. 01 858 42 70, www.rheinschifffahrt.ch

AUSKUNFT: Gemeindeverwaltung, 5466 Kaiserstuhl AG, Tel. 01 858 21 55. www.skulpturenweg.de

TIPP: Ausweis nicht vergessen.

Stuhl für Hochwasser-Geschädigte

Schweiz und aus Deutschland haben in einer gemeinsamen Aktion, unterstützt von den beiden Nachbargemeinden, Skulpturen geschaffen mit der Idee, das Verbindende zwischen hüben und drüben, Fremdem und Bekanntem zu verdeutlichen.

BEIM SCHLOSS RÖTTELN mit dem mächtigen mittelalterlichen Turm beginnt die Kul-Tour. Im Schloss residierten bis um 1800 die Vögte des Bischofs von Konstanz und verwalteten dessen Besitz – auf beiden Seiten des Flusses. Heute wachen die Zöllner über das Hin und Her auf der Brücke, Schweizer und Deutsche gemeinsam in einem Zollamt auf deutschem Boden. Wanderer werden weitergewunken und tauchen bald in einen schattigen Laubtunnel. «Fenster zum Rhein» heisst das erste, zwischen Bäumen am Uferbord platzierte Kunstwerk, das die Landschaft in Flächen teilt, den Ausschnitten unterschiedliche

Nepomuk und Schloss Rötteln

Was noch?

Kaiserstuhl AG

Rahmen gibt. Der Künstler David Zehnder will damit einen Denkanstoss vermitteln, Bekanntes aus einem anderen Blickwinkel anzuschauen. Nach Tennisplatz, Schwimmbad und Campingplatz nehmen die Skulpturen «Geteilter Fluss» aus Schiffsholz und Flusskiesel und «Dipylon» aus Schwarzwälder Granit das Thema «zwei Ufer, eine Welt» auf, stellen die Verbindung her über das Trennende.

AB UND ZU HÄNGEN Plastikfetzen in den Uferbäumen, Überbleibsel des Rheinhochwassers von 1999. Abgenagte Baumstämme zeugen von der nächtlichen Aktivität der Biber, die sich am Rhein zwischen Eglisau und Zurzach wohl fühlen. Leise rauscht der Rhein und immer wieder dröhnt ein Flugzeug über die Köpfe. Dann kündet Rauschen das Kraftwerk an und der Stahlring von Behrouz Varghaiyan lädt zum Sitzen ein, wobei der Schatten des Nussbaumes noch ein bisschen jung ist. Der Weg am Schweizer Ufer ist schmaler, Rutschpartien zeugen von unstabilem Gelände. Ein bisschen hoch ist der «Stuhl für Hochwassergeschädigte» von Jürgen Knubben, der einladend auf der Lichtung steht. Eher zum Sitzen laden die «Lothar»-Stämme von Rosmarie Vogt-Lippmann ein, auch dies ein Bezug zu den Unwetterkatastrophen, die diese friedliche Landschaft keineswegs verschont hatten. Allmählich kommt Kaiserstuhl wieder ins Blickfeld. An der Rheinpromenade macht gerade die «MS Kaiserstuhl» fest, eine Tafel erinnert an Gottfried Kellers Beziehung zu Kaiserstuhl und die beiden Säulen von Josef Briechle, die Skulptur «Dialog», halten stumme Zwiesprache über das Hüben und Drüben, das so unterschiedlich gar nicht ist.

 Das noch!

BAD ZURZACH

Als man im Jahre 1955 bei Bohrungen in Zurzach auf einen artesischen Brunnen mit 40-grädigem Wasser und einer Fördermenge von 1700 Litern pro Minute stiess, war die Zukunft von Zurzach klar: Der einst berühmte Wallfahrts-, Messe- und Marktort, der in der Neuzeit ein bisschen ins Abseits geraten war, sollte eines der grossen Badezentren der Schweiz werden. Seit 1955 sind Kurhotels, grosszügige Badeanlagen mit dem grössten Freiluftthermalbad der Schweiz, die Rheumaklinik und Kuranlagen entstanden, die sowohl Tagesgäste für den Wellnessplausch wie Kurgäste zur Rehabilitation und Erholung anziehen. Die sehenswerte Kleinstadt, die schöne Umgebung und das grosse Kurangebot machen Zurzach zu einem attraktiven Ausflugsziel.

Am Hochrhein

AUSKUNFT: Bad Zurzach Tourismus, Quellenstrasse 1, 5330 Zurzach, Tel. 056 249 24 00. www.badzurzach.ch

Thunersee-Schifffahrt 16

DRACHEN GESICHTET!

Manchmal peitschen Sturmwinde das bleigraue Wasser auf bis es spritzt und schäumt und Rudel von Drachen sich in der Tiefe des Sees zu prügeln scheinen. Ist das Wetter jedoch ruhig und der See blau und friedlich im Sonnenlicht, verkehrt ein ganz freundlicher Drache, beladen mit fröhlichen Menschen, zwischen den Uferdörfern. Es ist Drachenzeit am Thunersee.

KULTUR

FAMILIE

JAHRESZEIT

Thunersee-Schifffahrt 16

Man stelle sich vor, der heilige Beatus habe 1900 Jahre in seiner Klause geschlafen, wache nun plötzlich auf, strecke sich, trete vor die Höhle – und sieht einen Rauch speienden Drachen mit gebleckten furchterregenden Zähnen über den Thunersee auf sich zukommen. Er hatte den schrecklichen Drachen doch höchst persönlich mit Hilfe von Blitz und Donner in den tiefsten Seegrund gebannt und die geplagten Bauern und Fischer von diesem Ungeheuer befreit! Und jetzt das! Und wenn er sich umblickt – Drachen überall, auf Karten, Postern, T-Shirts, Speisekarten. Nein, das wäre für den ehrwürdigen Heiligen zu viel. Schnell würde er die Augen wieder schliessen und sich in seine Höhle zurückziehen für die nächsten 1000 Jahre.

WIR ABER LÜFTEN DAS Geheimnis des Thunersee-Drachens. Natürlich hatte der

Thun von oben

SERVICE

ANREISE: Mit der Bahn nach Thun (KB 280), von Thun mit dem Schiff weiter bis Halt Beatushöhlen (KB 3310).

DRACHENSCHIFF: Schiffbetrieb BLS, Thuner- und Brienzersee, Lachenweg 19, 3602 Thun, Tel. 033 334 52 11, www.bls.ch. Das Drachenschiff verkehrt von Anfang Juni bis Ende September zweimal täglich auf dem Thunersee. Regelmässig fahren natürlich auch alle anderen Kursschiffe.

ST.-BEATUS-HÖHLEN: Geöffnet von Palmsonntag bis 3. Sonntag im Oktober, täglich 10.30–17 Uhr, Führungen alle 30 Minuten. Höhlenmuseum täglich 12–17.30 Uhr. St.-Beatus-Höhlen und Höhlenmuseum, 3800 Sundlauenen, Tel. 033 841 16 43, www.beatushoehlen.ch

EXTRA: Die ganze Thunersee-Region steht unter dem Banne der Drachen. Es gibt Drachenabenteuer, Drachenschokolade, Drachenausflüge, Kinderanimation, Drachentage in Beatenberg usw.

AUSKUNFT: Thunersee Tourismus, Postfach, 3602 Thun, Tel. 033 251 00 00, www.thunersee.ch

Spiegelsee, Beatushöhlen

Drachenschiff

irische Wandermönch Beatus, der die ungläubigen Alpenvölker bekehren wollte und in einer Karsthöhle oberhalb von Sundlauenen lebte, den Drachen getötet. Noch viele Jahrhunderte pilgerten fromme Katholiken zum «Sant Batt» am Thunersee, selbst als dies nach der Reformation nur noch heimlich geschehen konnte, und beteten zum frommen Mann: Wer Drachen besiegte, konnte auch alle Leiden beenden. Gepilgert wird heute nicht mehr so viel, aber dafür haben findige Touristiker den Drachen wieder zum Leben erweckt. Seit dem Sommer 2001 kreuzt die «MS Stadt Thun» in originellem Drachenkostüm auf dem Thunersee, speit Feuer und Rauch und ist der Liebling der Kinder und beherbergt in seinem Bauch viele höllische Überraschungen.

DER DRACHEN VOM THUNERSEE treibt aber nicht nur auf dem See sein Unwesen. Er ist auch in den St.-Beatus-Höhlen gegenwärtig. «Erlebniswelt Drachen» heisst die spannende Ausstellung über die feuerspeienden Fabelwesen und die vielen Sagen und Legenden, die um sie entstanden sind. Und die fantastische Welt der Stalaktiten und Stalagmiten in den Beatushöhlen könnte einen wirklich an Drachen und Fabeltiere glauben lassen. Ein riesiges Höhlensystem, von dem Forscher annehmen, es sei eines der grössten der Welt, zieht sich unter dem Niederhorn und Gemmenalphorn hin bis zu den Sieben Hengsten und dem Hohgant. Etwas mehr als ein Kilome-

Was noch?

Thunersee-Schifffahrt

Stadt Thun

Thunersee

ter sind dem Publikum zugänglich, die übrigen 140 km Höhlen und Gänge nur ausgerüsteten und erfahrenen Höhlenforschern. Betrachtet man eine Luftaufnahme der Bergzunge, die sich vom Hohgant zum nordöstlichen Thunerseeufer hinzieht, fällt etwas Seltsames auf. Wie eine riesige Pranke greift dieser Bergkamm mit seinen Tälern, Wäldern, Terrassen und Felswänden in den See. Eindeutig ein riesiger Drachenfuss, und man möchte nicht wissen, was für ein Körper dazu gehört.
DABEI IST DIE LANDSCHAFT so friedlich. Die raue Alpenwelt bleibt hinter Stockhorn und Niederhorn zurück, im milden Klima am Ufer gedeihen Palmen und Reben. Herrschaftliche Schlösser erheben sich über Obstbäumen, Blumengärten und Oberländer Chalets, der See ist bunt gesprenkelt mit Segelbooten und Surfern und der Niesen setzt allem noch den Gipfel auf. Eine Ferienlandschaft wie aus dem Bilderbuch. Die natürlich auch ihre Schattenseiten hat: Autokolonnen, die sich an schönen Tagen zu den Ausflugszielen stauen, hässliche Agglomerationsbauten, die mit der traditionellen Oberländer Holzbauweise nicht mehr viel zu tun haben. Aber wo so viel Schönheit dominiert, verzeiht man solche Bausünden...

Das noch!

SCHLOSSTOUR

Wer den Thunersee in erster Linie mit Wassersport und Schifffahrt in Verbindung bringt, hat sicher recht. Aber eine Kleinigkeit übersehen: 5 Märchenschlösser garnieren die Ufer: In Thun thront das Schloss mit Turm und Türmchen über der Stadt, die einzige erhaltene Zähringer-Burg. Auf einem Landsporn zwischen See und Fluss liegt Schloss Schadau, eine spezielle Mischung von englischer Gotik mit französischer Renaissance – der Stilmix des 19. Jh. Das Schiff nimmt Kurs auf Hünibach. Schloss Hünegg ebenfalls Neurenaissance, zeigt Jugendstil im Wohnmuseum. Nächster Anleger ist Oberhofen, das Schloss derer von Eschenbach, Filiale des Historischen Museums Bern. Dann geht es quer über den See und hinauf zum mittelalterlichen Schloss Spiez mit seinem frühbarocken Festsaal.
AUSKUNFT: Thunersee Tourismus, Postfach, 3602 Thun, Tel. 033 251 00 00, www.thunersee.ch.

Kandersteg BE

DER AUSFLUGSSEE

Schneebedeckte Bergmassive, trutzige Felswände, dunkler Tannenwald und grüne Matten rund um einen tiefblauen See – daraus werden Ferienträume gemacht. Solche Landschaften gibt es nicht nur auf Postkarten und in Tourismusbroschüren. Sie existieren tatsächlich. Der Oeschinensee ob Kandersteg ist der beste Beweis dafür.

KULTUR

ABENTEUER

FAMILIE

JAHRESZEIT

Kandersteg BE

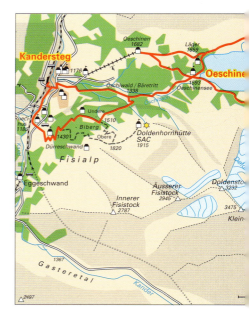

Als «besuchenswerth» empfahl Karl Baedeker den Oeschinensee in seinem «Handbuch für Reisende» von 1891 und legte den Gästen nahe, ja nicht die Kahnfahrt zu verpassen. Und der Alpenpionier Edmund von Fellenberg schwärmte von der «stolzen Pracht in den Firnen» und der «süssen Idylle am stillen See und im Dufte der Tannen». Ganz so still ist es am Oeschinensee, auf 1579 m ü.M. am Fusse von Blüemlisalphorn, Oeschinenhorn und Fründenhorn gelegen, zwar nicht mehr. Aber das war es auch vor 120 Jahren nicht, als oberhalb des bereits bestehenden Berghauses Oeschinensee das neue Hotel Oeschinensee gebaut wurde. Denn der geheimnisvolle See ohne erkennbaren Abfluss faszinierte schon die ersten Touristen, die im 19. Jahrhundert die Alpen auf der Suche nach noch romantischeren Winkeln durch-

Blüemlisalphorn, Oeschinenhorn und Fründenhorn

SERVICE

ANREISE: Mit der BLS bis Kandersteg (KB 300), von Kandersteg mit der Sesselbahn zum Oeschinensee (KB 2410).
WANDERROUTEN: Bergstation – Oeschinensee 20 Minuten, Bergstation Rundweg Oberbärgli 3 Stunden, Bergstation – Fründenhütte SAC 2 Stunden 45 Minuten (ein Weg), Rückweg ins Tal via See ca. 1 Stunde.
KARTE: Landeskarten der Schweiz 1:25 000, Blätter 1247 «Adelboden» und 1248 «Mürren».
BETRIEBSZEITEN: Die Sesselbahn fährt ab Mitte Mai bis Mitte Oktober, die Sommerrodelbahn ist ebenfalls von Mitte Mai bis Mitte Oktober in Betrieb von 9.30–16.30 Uhr, Mitte Juni bis Mitte September bis 17.30 Uhr. Rodelbahn Erwachsene Fr. 4.–, Kinder Fr. 3.–. Sesselbahn einfache Fahrt Erwachsene Fr. 18.–, Halbtax-Abo und Juniorkarte sind gültig.
VERPFLEGUNG: Restaurants in Kandersteg, drei Restaurants am Oeschinensee, Fründenhütte SAC, Feuerstellen am See.
AUSKUNFT: Kandersteg Tourismus, 3718 Kandersteg, Tel. 033 675 80 80, www.kandersteg.ch

Rodelbahn bei der Bergstation

streiften. Die Wanderung zum wie verzaubert zwischen Alpweiden liegenden See, in dem sich die weissen Berggipfel spiegelten, eine Bootsfahrt, vielleicht eine Übernachtung auf der Alp und ein Besuch beim Älpler in der einfachen Hütte gehörte schon damals zum Standardprogramm der Oberländer-Reisen.
DAS TOURISTISCHE ANGEBOT rund um den See hat sich seither vergrössert, die Schönheit ist geblieben. Seit 1984 bringt eine Sesselbahn die Gäste auf die Oeschinenalp, Ausgangspunkt für unzählige Freizeitaktivitäten. Das Naheliegendste ist natürlich der zwanzigminütige Spaziergang über Weiden und durch lockeren Bergtannenwald zum See. Auch heute noch, wie vor 120 Jahren, werden Boote vermietet, und eine Rudertour in 1600 m Höhe ist ein Vergnügen der Extraklasse. Je nach Niederschlagsmenge des Sommers kann sich ein breiterer oder schmalerer Kiesgürtel um den See ziehen, ein Phänomen, das man eigentlich nur bei Stauseen beobachtet. Der Damm am Talausgang staut den See nicht, er soll nur verhindern, dass nochmals das Gleiche wie 1846 passiert, als der See nach heftigen Regenfällen und Schneeschmelze

Oeschinensee

Was noch?

Kandersteg BE

Oeschinensee

überlief und das Dorf Kandersteg überschwemmte. Der Oeschinensee ist ein natürlicher See, das Resultat eines Bergsturzes, und besitzt einen unterirdischen Abfluss. Dieses Wasser allerdings wird seit 1903 zur Stromgewinnung genutzt.

EINE ATTRAKTION neueren Datums zieht vor allem Kinder an: die Sommerrodelbahn bei der Bergstation des Sesselliftes. 750 Meter Rutschspass durch Alpenblumenwiesen, mit einem prächtigen Panorama vor Augen, sind ein kraftvolles Argument für den Familienausflug zum Oeschinensee. Und das Versprechen einer letzten Talfahrt auf schnellen Schlitten ist ein guter Motivator für Wanderungen rund um den Oeschinensee. Da wäre zum Beispiel die dreistündige Rundwanderung, die via Heuberg und Oberbärgli mit Tiefblick auf den See wieder zu Ausgangspunkt und Rodelbahn zurückführt. Oder der doch recht anspruchsvolle Aufstieg zur Fründenhütte SAC, 2562 m ü.M. Für diese Wanderung wird man mit einem beeindruckenden Bergpanorama belohnt, denn wie ein Adlerhorst sitzt die Fründenhütte auf einem Felsknubel zwischen Steilhängen und Gletscher. Die Blüemlisalp, Doldenhorn, Fründenhorn sind nun zum Greifen nah, der Oeschinensee ein dunkles Auge am Fusse der Felswand, gesprenkelt mit bunten Booten.

Das noch!

GASTERNTAL

So wie der Oeschinensee der Bergsee aus dem Bilderbuch ist, entspricht das Gasterntal absolut der Postkartenidylle eines wildromantischen, abgelegenen und dennoch sehr gastfreundlichen und leicht zugänglichen Bergtales. Durch eine enge, steile Klus von Kandersteg und dem breiten Talboden getrennt, konnte das Tal der Kander zwischen Doldenhorn im Norden und Altels, Balmhorn und Lötschenpass im Süden seinen eigenen Entwicklungsweg finden. Die schmale Fahrstrasse bis Selden ist nur beschränkt für den Autoverkehr geöffnet. Zubringer zu den gemütlichen Berggasthäusern ist ein kleiner Bus. Eigentlich gehört das Tal den Wanderern, den Bikern und dem Vieh, das auf den saftigen Alpweiden sömmert. Hier im Gasterntal findet man noch ein Berghotel, das ganz ohne Elektrizität auskommt und gerade wegen der Kerzenbeleuchtung so beliebt ist, und weitere Berggasthäuser, in denen Atmosphäre und Umgebung absolut stimmen.

AUSKUNFT: Kandersteg Tourismus, 3718 Kandersteg, Tel. 033 675 80 80. www.kandersteg.ch

Lauterbrunnen BE — 18

TROMMELN IM FELS

«Tal der Wasserfälle» nennt sich das Lauterbrunnental. Zu Recht, denn 72 tosende, sprudelnde und schäumende Wildbäche stürzen aus einem riesigen Fels- und Gletscherzirkus hinunter in die Lütschine. Beeindruckend sind sie alle, aber am Speziellsten unter den Wasserfällen des Lauterbrunnentals sind die im Felsen verborgenen Trümmelbachfälle, am Fusse von Eiger, Mönch und Jungfrau.

KULTUR

ABENTEUER

FAMILIE

JAHRESZEIT

Lauterbrunnen BE

Unheimlich war den Bauern im Lauterbrunnental der Wegabschnitt zwischen Lauterbrunnen und Stechelberg. Es klopfte und donnerte hinter den Felsen, aus denen tosend ein Wildbach stürzte, und die Fantasie der einfachen Leute bevölkerte den schmalen, schwarzen Einschnitt in der Wand, über der fast bedrohlich der Schwarzmönch lauerte, mit bösen Geistern und Gespenstern. Als aber die Engländer mit ihrer Neugier auf Naturphänomene und ihrem Hunger nach romantischen Szenarien das Lauterbrunnental erwanderten und auf den Spuren grosser Dichter wie Johann Wolfgang von Goethe und Lord Byron das

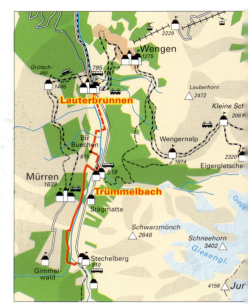

Wasserfall-Programm absolvierten, konnten die trommelnden Fälle im Berg nicht länger verborgen bleiben. Schritt um Schritt wurden dem «Playground of Europe», wie die englischen Alpenpioniere das Berner Oberland nannten, die Geheimnisse entlockt und alle Winkel verborgener Schönheit aufgedeckt.

BERÜHMTE ALPENMALER, die den Ruf des Berner Oberlandes in ganz Europa verbreiteten, hatten den sichtbaren Teil der Trümmelbachfälle, den untersten Fall zwischen Fels und Talboden, oft gezeichnet. Jetzt wollte man weiter sehen. 1877 wagten sich geübte Bergsteiger in den Felsriegel und machten die ersten Wasserfälle hinter der Felswand zugänglich. 40 Jahre später veranlasste die steigende Beliebtheit der Wasserfälle den weitsichtigen Lauterbrunner Hotelier Fritz von Almen Zugänge zu den oberen Fällen zu schaffen und einen Lift einzubauen. Heute ermöglichen Treppen und Galerien, den ganzen 140 Meter hohen

Hier kommt der Bach aus dem Fels

SERVICE

ANREISE: Mit der BOB von Interlaken nach Lauterbrunnen (KB 311), von Lauterbrunnen Postauto bis Halt Trümmelbachfälle (KB 311.15).

ÖFFNUNGSZEITEN: Mitte April bis Ende Oktober von 8–18 Uhr, in der Vor- und Nachsaison 9–17 Uhr. Der Besuch der Trümmelbachfälle beansprucht ca. eine Stunde.

EINTRITT: Erwachsene Fr. 10.–, Kinder von 6 bis 16 Jahren Fr. 4.–.

WANDERN: Sehr schön ist die Wanderung vom Gasthaus Trümmelbach nach Stechelberg und ins Naturschutzgebiet Hinteres Lauterbrunnental. Auskunft: Tourist Information, 3822 Lauterbrunnen, Tel. 033 856 85 68, www.wengen-muerren.ch

VERPFLEGUNG: Gasthaus Trümmelbach direkt beim Eingang zu den Trümmelbachfällen.

AUSKUNFT: Trümmelbachfälle, 3822 Lauterbrunnen, Tel. 033 855 32 32, www.truemelbach.ch

TIPP: Am Beeindruckendsten sind die Trümmelbachfälle im Frühling nach der Schneeschmelze.

Trümmelbach

donnernden Spektakel zu sehen. Nach wie vor betreut die Familie von Almen, nun in der dritten Generation, die Trümmelbachfälle und betreibt das dazugehörende Hotel und Restaurant.

24 QUADRATKILOMETER misst das Gebiet, das sich in den Trümmelbach entwässert. Schmelzwasser der Gletscher und Schneefelder an der Nordwestflanke von Schwarzmönch, Silberhorn und Jungfrau kommen auf Trimmleten wie in einem Trichter zusammen, wo sie sich über die steile Felswand ins Tal stürzen. Im Laufe der Jahrtausende hat die Kraft des Wassers den Felsen ausgehöhlt, tiefe Rinnen und glatt polierte Wannen und Höhlen geschaffen. Wer nach der kurzen Liftfahrt auf die erste Galerie hinaustritt, wird gleich mit einem Höllenkonzert empfangen. Doch nicht Flammen, sondern eiskalte Gischt braust

Was noch?

Lauterbrunnen BE

Trümmelbachfälle

und tobt durch die dunkle Schlucht. 20 000 Liter Wasser pro Sekunde donnern an einem vorbei in die Tiefe, wirbelnd und drehend. Man möchte nicht einmal ein Holzstück sein, das in diese Wassermühle gerät. Der Fels zittert unter dem Aufprall der Wassermassen, die sich gegen das enge Steinkorsett zu wehren scheinen, ausbrechen wollen. Immer wieder wird man von einem Sprühregen übergossen. Fall um Fall steigt man in die Höhe, sieht mal hier, mal dort einen schmalen Streifen Tageslicht, ein paar Pflanzen, die sich in Felsnischen klammern. Es wäre die perfekte Kulisse für einen Agententhriller: Verfolgungsjagd durch den Berg, kühne Sprünge über tobende Wasserstrudel. Aber atemberaubend ist dieses fantastische Naturschauspiel auch ohne zusätzliche Inszenierung. Die Natur hat sich beeindruckend genug in Szene gesetzt.

Das noch!

AN STIEBENDEN WASSERN

Wer ins Lauterbrunnental reist, kann natürlich nicht ohne einen Abstecher am Staubbachfall vorübergehen, dem berühmtesten Fall der Fälle. Es ist ja auch nicht ohne, wenn sich ein Bergbach 750 Meter in die Tiefe stürzt, 300 Meter davon noch im freien Fall und sehr dekorativ über den mit Blumen geschmückten Chalets des Feriendorfes Lauterbrunnen. Unzählige Male wurde der stäubende Wasserfall gemalt, in Gedichten verewigt, in Reiseführern in den höchsten Tönen geprie-

Staubbach-Fall

sen und fotografiert. Ein in den letzten Jahren wieder erstellter Fussweg zum Staubbachhubel ermöglicht, so nahe an den Wasserfall heranzukommen, dass man von einem feinen Gischtnebel eingesprüht wird. Wer den Staubbachfall in voller Grösse erleben will, wählt vorzugsweise das Frühjahr oder die Tage nach einer längeren Regenperiode für den Besuch.

AUSKUNFT: Tourist Information, 3822 Lauterbrunnen, Tel. 033 856 85 68, www.wengen-muerren.ch

Axalp BE — 19

KUNST AM BERGSEE

Das Rezept für eine überraschende Attraktion: Man nehme einen verträumten Bergsee, eine uralte Sage, ein traditionelles Kunsthandwerk und zwei Naturkatastrophen, mische alles mit Fantasie und Engagement und lasse dabei Späne fliegen. Das Resultat kann sich sehen lassen: Holzskulpturen aus Lawinen- und «Lotharholz» am Hinterburgseeli auf der Axalp ob Brienz.

KULTUR

ABENTEUER

FAMILIE

JAHRESZEIT

Axalp BE

Späne flogen schon immer auf der Axalp. Doch laut alter Brienzersage waren es nicht die feinen Schnitzereispäne, die Schlegel, Meissel und Schnitzlermesser produzieren, sondern die Späne, die fliegen, wenn Bäume mit eisernen Äxten gefällt werden. Die Sage will, dass zwei Schwestern die Alpen am Fuss von Faulhorn, Axalphorn und Tschingel erbten. Die jüngere Schwester durfte als erste wählen und entschied sich für die bessere Tschingelfeldalp, der älteren blieb die dicht bewachsene, schlecht nutzbare Axalp. Nun hatte sie aber einen Mann, der unternehmungslustig war und auf Abhilfe sann. Er liess Holzfäller aus dem Tirol kommen, die mit ihren grossen Äxten die ganze Alp kahl schlugen. Bis ins Tal hätte man die Axthiebe gehört. Nach wenigen Jahren habe sich die ältere Schwester nicht mehr über ihr

Blick auf Brienz und Rothorn

Hinterburgseeli

SERVICE

ANREISE: Vom Bahnhof Brienz Bus bis Alpengasthof Axalp (KB 470.95). Vom Gasthof Wanderweg bis zum Hinterburgseeli. Mit dem Auto ebenfalls bis Alpengasthof Axalp, dann zu Fuss weiter.
WANDERZEIT: Ein Weg ca. 1 Stunde. Variante für den Rückweg: Vom Hinterburgseeli hochsteigen zur Alp Chrutmettli und auf dem Höhenweg zur Axalp zurückkehren.
KARTE: Landeskarte der Schweiz 1:25 000, Blatt 1209 «Brienz».
WEITERWANDERN: Eine sehr schöne Wanderung führt vom Hinterburgseeli über Züün nach Meiringen (4 Stunden).
VERPFLEGUNG: Diverse Restaurants auf der Axalp, Feuerstellen beim Hinterburgseeli.
AUSKUNFT: Alpen-Region Brienz-Meiringen-Hasliberg, Tourist Information Brienz-Axalp, 3855 Brienz, Tel. 033 952 80 80, www.alpenregion.ch
TIPP: Schnitzlern beim Schnitzen über die Schultern gucken kann man in verschiedenen Werkstätten in Brienz. Auskunft: Tourist Information Brienz, Tel. 033 952 80 80.

schlechtes Erbteil beklagt, denn die Ax(t)alp wurde üppig und saftig.

UND SO WIE DAMALS zu sagenhaften Zeiten verstehen es die Brienzer noch heute, einen Nachteil in einen Vorteil umzuwandeln. Der Lawinenwinter 98/99 und Sturm Lothar hatten beim idyllischen Hinterburgseeli enorme Schäden angerichtet. Wie in einem Trichter liegt der dunkle See am Fusse der steil aufsteigenden Oltschiburg. Im Süden und im Westen löst sich der Wald am Ufer auf zu lockerer Weide, und genau hier hatten die Lawinen zugeschlagen. Wie geknickte Streichhölzer liegen Baumstämme zwischen zersplitterten Strünken. Entlang des Weges zur Axalp hatte «Lothar» zugeschlagen. Was sollte mit dem Holz und den Baumstümpfen geschehen? Liegen lassen? Abtransportieren?

EIN HOLZSCHNITZLER AUS Brienz, Menk Eggenschwiler, mit dem Hinterburgseeli eng verbunden, konnte sich noch einen ganz anderen Umgang mit Lawinen- und Sturmholz vorstellen: Vor Ort die vorhandenen Baumstrünke als Rohmaterial für Kunstobjekte verwenden. Diese Idee hatte ihn und Kollege Hanspeter Steiner schon seit Jahren beschäftigt. Roman Räss und Rolf Blöchlinger, zwei weitere Schnitzler, liessen sich sofort begeistern und der Vorschlag stiess auch im Dorf auf gutes Echo. Denn Brienz, seit dem frühen 19. Jahrhundert Mekka der Holzschnitzkunst und Sitz der einzigen Schule für Holzbildhauerei der

Was noch?

Axalp BE

Schweiz, ist stolz auf diese Tradition und fördert Unternehmungen, die an diesen alten Wirtschafts- und Handwerkszweig anknüpfen. Und wenn dadurch auch noch eine zusätzliche touristische Attraktion geschaffen werden konnte, war dies umso willkommener.

IM SOMMER 1999 arbeiteten erstmals neun Künstler(-innen) am See. Skulpturen und Gruppen von Tieren und Blumen und lebensgrosse, markige Brienzerköpfe formten sich unter ihren geschickten Händen. Inzwischen stehen 25 Holzskulpturen beim Hinterburgseeli und am Wanderweg nach Axalp. Jeweils während der letzten Juliwoche wird draussen gearbeitet, dass die Späne fliegen. Wer vorbeikommt, darf zuschauen, Fragen stellen, bewundern. An der Verfärbung des Holzes wird das Alter der Skulpturen sichtbar – denn nach den Künstlern arbeiten Wind, Wetter, Wasser

Brienz

und Sonne weiter daran. Sind Schnitzler und Zuschauer abgezogen, kehrt eine verzauberte Ruhe zurück an das Hinterburgseeli, an dem man stundenlang sitzen und träumen kann. Jetzt träumen noch Murmeltier, Eichhörnchen, Adler und der Wildhüter mit seinem Fernglas unbeweglich mit.

Das noch!

DAS SCHNITZLERDORF BRIENZ

Seit Jahrhunderten schnitzten die Bergbauern im Berner Oberland an Winterabenden Gebrauchsgegenstände. Mit dem Aufkommen des Tourismus im 19. Jh. nahm diese Freizeittätigkeit plötzlich einen ganz anderen Charakter an: Geschnitzte Tiere, Dosen, Figuren und Reliefs waren begehrte Souvenirs. In der Hochblüte des Tourismus und der Brienzer Holzschnitzerei wetteiferten mehr als 1000 Schnitzler um die Gunst der Touristen. 1884 wurde in Brienz die kantonale Schnitzlerschule, heute Schule für Holzbildhauerei, gegründet. Ein Besuch in dieser einzigartigen Fachschule zeigt nicht nur das ganze Spektrum der Schnitzkunst, sondern gibt auch einen Überblick über die Geschichte der Brienzer Holzschnitzerei.

Schnitzerei am Hinterburgseeli

Geöffnet: Während der Schulzeiten Mo bis Fr 8–11.30 und 14–16.30 Uhr. Führungen auf Anfrage.

AUSKUNFT: Kantonale Schnitzlerschule Brienz, Tel. 033 952 17 51.

Meiringen – Thun BE

20

DURCHS BERNER OBERLAND

Eine Velotour, die mitten in den Alpen beginnt und dennoch ohne anstrengende Berg- und Talfahrten auskommt, ist die Fahrt von Meiringen via Brienzersee nach Thun. Der Hinweis via Brienzersee ist wichtig, denn von Brienz bis Iseltwald wird das Velo dem Schiff anvertraut, um den steilen Anstieg am linken Ufer elegant zu vermeiden. Den Giessbach kann man auch vom Wasser aus bewundern.

KULTUR

ABENTEUER

FAMILIE

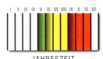
JAHRESZEIT

Meiringen – Thun BE

D ie Aare hat ihr kindliches Toben schon fast aufgegeben, wenn sie vor Meiringen aus der Aareschlucht schiesst. Nun fliesst sie, zwar immer noch jugendlich schnell, aber ohne Sprünge, durch den breiten Talboden dem Brienzersee zu. Dieser flache Talboden zwischen Hasliberg und Brünig auf der einen, Wandelhorn und Oltschiburg auf der andern Seite, war bis 1875 Sumpfland, durch das die Aare mäanderte und dessen Ränder immer wieder von Bergstürzen verschüttet wurden. Allerdings, so erzählen alte Legenden, sei im Mittelalter der Talboden ein fruchtbares Gebiet mit reichen Dörfern gewesen. Heute teilen sich Bauernhöfe, Militärflugplatz, Bahn und Strasse die Ebene. Doch das stört die Velofahrer nicht, die sich auf ruhigen Nebenstrassen an den südlichen Talrand halten, unter senkrechten Flühen

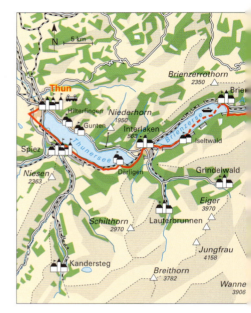

Brienzersee

SERVICE

ANREISE: Mit der Bahn nach Meiringen (KB 470). Mit dem Schiff von Brienz nach Iseltwald oder Interlaken (KB 3470). Ab Thun Schnellzüge nach Bern (KB 280) oder Interlaken (KB 310) und retour nach Meiringen (KB 470). In Meiringen können Velos der Bahn gemietet werden (Tel. 033 971 14 14), Abgabe in Thun.
ROUTE: Meiringen – Brienz Schiffländte – Schiff bis Iseltwald – Iseltwald – Därligen – Spiez – Thun. Streckenlänge 50 km, mit Kindern sehr gut geeignet bis Interlaken, am Thunersee gibt es ein paar gefährliche Abschnitte mit Autoverkehr. Eurotrek bietet diese Route als einen 3-Tages-Tripp mit Übernachtung und Gepäcktransport an. Auskunft: Eurotrek, Tel. 01 434 33 66, www.eurotrek.ch.
KARTE: VCS-Velokarte 1:60 000, Berner Oberland, Offizieller Routenführer Veloland Schweiz, Band 3, Aare-Route.
VERPFLEGUNG: In allen Ortschaften unterwegs, auf dem Schiff.
AUSKUNFT REGION: Berner Oberland Tourismus, Jungfraustr. 38, 3800 Interlaken, Tel. 033 823 03 03, www.berneroberland.ch.

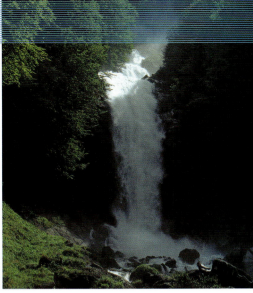

Giessbach

durch, über die nach Regenfällen Wasser spritzt, und vorbei an alten Rutschgebieten, hier Rieseten genannt. Lauscht man ganz aufmerksam hin, hört man es in diesen hohen Geröllhalden tatsächlich immer leicht rieseln.

ES KANN TAGE GEBEN, da verleiht einem der Föhn, der älteste Haslitaler, Flügel, das Velo scheint wie mit Zauberhand vorwärts geschoben. Dreht der Föhn jedoch zu einem richtigen Föhnsturm auf, sollte man sich und Velo möglichst schnell in einen sicheren Unterstand packen. Dann kracht und ächzt es im Wald, die gletscherkalte Aare scheint zu kochen und in der Rieseten ist der Teufel los. An ruhigen Sommertagen aber lächelt der Brienzersee, dessen Ufer bald erreicht ist, mit eiskaltem Blau und lädt dennoch zum Bad. Das schöne Strandbad liegt ganz praktisch am Weg zur Schiffländte, und der See kann wärmer sein als sein tiefes Türkis vermuten lässt. Gletschersand, durch die Aare eingeschwemmt, die Tiefe von 260 Metern und die Berghänge, die sich im Wasser spiegeln, bewirken die unge-

Meiringen

Was noch?

Meiringen – Thun BE

wöhnliche, zu jeder Jahreszeit faszinierende Färbung.
IN BRIENZ TUT MAN GUT daran, sich und sein Velo aufs Schiff zu verladen. So kann man die Landschaft ruhig geniessen und muss nicht hochbuckeln zum Giessbach Hotel, das auf der gegenüberliegenden Seeseite zwischen den berühmten Giessbachfällen und dem Ufer thront. Von Dorf zu Dorf, von Ufer zu Ufer geht die Schiffsreise, und beim Fischerdorf Iseltwald, dem einzigen ebenen Flecken am steilen Südufer des Brienzersees, oder auch erst in Interlaken wird die Fahrt mit eigener Muskelkraft fortgesetzt. Doch erst nach einer Pause auf der Höhematte mitten in Interlaken. Diese unverbaubare Wiese im Zentrum des Tourismusortes, umgeben von uralten Bäumen und historischen Bauten, soll den Gästen der Luxushotels den Blick auf die Jungfrau sichern. Aber auch Bikefahrer im Dress dürfen schauen. Hier in Interlaken wurde der Schweizer Tourismus geboren, von hier aus reisten die Fremden in alle Richtungen in die Berge. Die Velotour aber geht nicht hinauf, sondern übers «Bödeli» zum Südufer des Thunersees und via Faulensee und Spiez nach Thun. Bei Spiez glaubt man sich an einer südlichen Riviera: Trauben wachsen am Steilhang, und äusserst malerisch schieben sich Schloss und Kirche als romantische Silhouette vor den glitzernden See. Nur als Spiegelbild kann man die Schönheit eines andern Oberländers bewundern: Der Niesen, diese vollkommene Bergpyramide, baut sich im Rücken auf. Noch ein paar Kilometer über dem See, dann ist Thun erreicht, das Tor zum Oberland, bewacht von einem mächtigen Schloss aus dem 12. Jh. Das Velo lässt man am besten unten am Schlosshügel stehen und macht sich zu Fuss auf zur Besichtigung.

 Das noch!

VOM ZWEIRAD AUF DEN RADDAMPFER

Stolz ist die Flotte der Brienzersee-Schifffahrt: Eindeutig Königin auf dem See ist die «DS Lötschberg», die im Sommer 2001 nach 87 Betriebsjahren und einer Rundumerneuerung ihren zweiten Frühling auf dem See erlebte. Stolz pflügen daneben die «MS Jungfrau», die «MS Interlaken», die «MS Brienz» und die kleine «MS Iseltwald» durch die grünen Brienzerseewellen. Wer sicher sein will, mit dem Dampfschiff zu fahren, sollte den Fahrplan (KB 3470) genau studieren. Zudem ist die «Lötschberg» auch bei den jüngsten Gästen der grösste Trumpf, denn auf sie wartet die Spielkajüte. Eine Schiffsfahrt auf dem Brienzersee lässt sich nicht nur ideal mit der Aare-Radtour verbinden, sondern auch mit einer Dampf-

Auf dem Brienzersee

bahnfahrt aufs Brienzer Rothorn, Wanderungen am Brienzersee oder einem Besuch des Freilichtmuseums Ballenberg.
AUSKUNFT: Schiffbetrieb BLS, Thuner- und Brienzersee, Lachenweg 19, 3602 Thun, Tel. 033 334 52 11, www.bls.ch.

Rosenlaui BE — 21

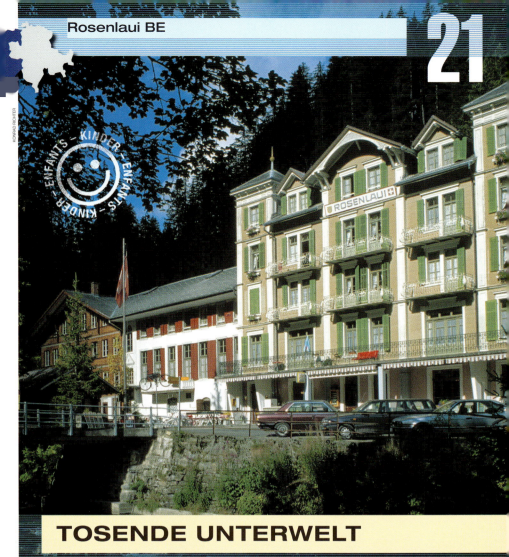

TOSENDE UNTERWELT

Im 19. Jahrhundert bezauberten das sanfte Reichenbachtal und die wilde Schlucht am Fusse des Rosenlauigletschers romantische Alpenmaler, englische Touristen, russische Adlige und deutsche Industrielle. Sie wollten die tosenden Wasser hautnah erleben: Bereits Ende 19. Jahrhundert wurde die Schlucht begehbar gemacht. Sie hat ihren Zauber nicht eingebüsst.

KULTUR

ABENTEUER

FAMILIE

JAHRESZEIT

Rosenlaui BE

Von den Fenstern des Hauptgebäudes erblickt man den in reinstem Himmelblau prangenden Gletscher, wie er vom obersten Gebirgskamm, zwischen dem Wellhorn und Dossenhorn, gleich einem in seinem Lauf plötzlich gehemmten Bergstrom in unbeschreiblicher Farbenpracht schimmernd mit seinen zahlreichen Zacken, Pyramiden, wellenförmigen Erhabenheiten, Vertiefungen und Spalten in die Nähe eines Waldes und grüner Matten herabsteigt», schwärmte der Reiseschriftsteller F.W. Gohl 1862, und er versicherte seinen Lesern im gleichen Atemzug, dass neben Gletschern und Gipfeln auch «rauschende Wasserfälle, jauchzende Hirten, weidende Herden und Alphornklänge» Auge und Ohr der Reisenden entzückten.

DAS VOKABULAR VON Landschaftsbeschreibungen hat sich in den vergangenen

Rosenlaui-Gletscher und Wellhorn

SERVICE

ANREISE: Vom Bahnhof Meiringen Postauto bis Rosenlaui Gletscherschlucht (KB 470.65). Mit dem Auto bis Gletscherschlucht, die Strasse ist nach der Schwarzwaldalp für jeden Privatverkehr gesperrt, nur das Postauto darf über die Grosse Scheidegg nach Grindelwald fahren.
WANDERZEIT: Der Rundgang dauert 45 Minuten, Höhenunterschied 115 Meter.
KARTE: Wanderkarte Oberhasli 1:50 000, Hrsg. Tourismusverein Hasliberg.
GEÖFFNET: Ende Mai bis Mitte/Ende Oktober täglich 9–17 Uhr, Juli/August 9–18 Uhr.
EINTRITT: Erwachsene Fr. 6.–, Kinder (7 bis 16 Jahre) Fr. 3.50.
VERPFLEGUNG: Hotel Rosenlaui, ca 5 Minuten vom Eingang der Schlucht entfernt. Restaurants auf der Schwarzwaldalp, ca.1 Stunde Wanderzeit.
AUSKUNFT: Gletscherschlucht Rosenlaui AG, Fam. Anderegg, Hauptstrasse 55, 3860 Meiringen, Tel. 033 971 24 88.
TIPP: Unbedingt gute Schuhe anziehen, Jacke oder Pullover mitnehmen. Der Ausflug zur Gletscherschlucht lässt sich ideal mit der einmaligen Postautofahrt über die Grosse Scheidegg kombinieren.

Rosenlauischlucht

Der Wyssbach

100 Jahren verändert. Nicht aber die Landschaft. Auch heute hält den Atem an, wer von Meiringen her die steile Bergstrasse Richtung Rosenlaui hoch fährt und dann plötzlich bei Gschwantenmad ins weite Tal gelangt. Wie eine gewaltige, wild zerfurchte Mauer überragen die Engelhörner im Osten das freundliche Reichenbachtal, das seinen Namen frühen Goldfunden verdankt. Im Süden bilden die Schneefelder und Gipfel von Dossenhorn, Wellhörnern und Wetterhorn eine gewaltige Hochgebirgskulisse. Und ein Kletterparadies. Der Everst-Erstbesteiger E.P. Hillary verbrachte viele Sommer im Rosenlauf und an den Engelhörnern trainierte 1954 Sherpa Tenzing mit einem Haslitaler Bergführer verschiedene Klettertechniken. Und auch wenn der Rosenlauiglet-

Was noch?

scher sich in den letzten hundert Jahren um 500 Meter zurückgezogen hat – was von ihm geblieben ist, beeindruckt.

HIER IST ALLES vorhanden, was man sich von einer Gebirgslandschaft erwünscht: saftiggrüne Alpweiden mit knorrigen Ahornbäumen, Kühe, Alphütten, der mal wild, mal zahm daher plätschernde Bergbach, dunkler Tannenwald, heller Fels, ewiger Schnee und Gletschereis. Und dann natürlich diese Schlucht, die der unbändige Weissenbach in Kalk- und Schiefergestein gefressen hat. Von Aussen sieht man nichts ausser einem Wasserfall, der aus dunklem Schlitz spritzt. Alles andere ist zwischen hohen, unzugänglich scheinenden Felswänden versteckt. Dem «Schluchtenhunger» der Naturschwärmer ist es zu verdanken, dass man heute auf einem in die Schluchtenwände gehauenen Weg hoch über dem Wildbach dieses Naturwunder durchsteigen kann. Der Einstieg beim Jugendstil-Kassahäuschen von 1903 liegt auf 1370 m ü.M., der Ausstieg auf 1485 m ü.M., und fast stetig steigt man in der Schlucht hoch, ohne je wirklich den Himmel über sich zu sehen. Dunkler, brüchiger Schiefer begleitet die erste Wegstrecke, dann rücken glatt polierte Kalkfelsen so dicht zusammen, dass man sich wie in einer Höhle fühlt. Unter den Füssen brodelt und gischt es, Wasser wirbelt um Gletschertöpfe, und selbst im heissesten Sommer ist eine Jacke angenehm. Die Natur hat Bildhauer gespielt: sieht dieser Felskopf nicht aus wie ein Profil von General De Gaulle? Genauso übergangslos wie der Einstieg ist der Ausstieg aus der Schlucht: Noch ein paar Stufen, ein eisernes Drehkreuz, und die steinerne wilde Welt der Schlucht ist aus dem Blickfeld verschwunden. Man steht mitten auf einer Alp. Und weit, weit oben glänzt der Gletscher.

 Das noch!

JUGENDSTIL AM GLETSCHERFUSS

Es muss am romantischen Geist des 18. und des 19. Jahrhunderts gelegen haben: Wer würde sonst auf die Idee kommen, weit abgelegen im Gebirge ein Hotel mit 130 Betten, diversen Salons und elegantem Speisesaal zu bauen? Was in Europa Rang, Name oder Geld hatte, machte im Hotel Rosenlaui Station. Im 20. Jahrhundert war die Zeit der grossen Berghotels jedoch vorbei. Eine Weile war das Haus geschlossen, doch dank der Initiative und der stilsicheren und geschmackvollen Renovation durch Christine und Andreas Kehrli hat sich das alte Hotel in ein Schmuckstück verwandelt. Wer die einmalige Atmosphäre erleben möchte, sollte unbedingt eine Nacht bei Kehrlis verbringen.

Hotel Rosenlaui

AUSKUNFT: Hotel Rosenlaui, Fam. Kehrli, 3860 Rosenlaui, Tel. 033 971 29 12.

Innertkirchen BE

SWISS POWER WASSERKRAFT

Gigantisch ist nicht nur der Granitkoloss Aarmassiv zwischen Haslital, Goms und Urnerland. Gigantisch sind auch die Dimensionen der Kraftwerksanlagen, die vom Grimselpass aus mit einem langen Netz von Stollen und Schächten das Quellgebiet der Aare wie Emmentaler durchlöchern und faszinierende Einblicke in die Welt des Grimselstroms erlauben.

KULTUR

ABENTEUER

FAMILIE

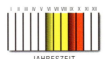
JAHRESZEIT

Innertkirchen BE

So grimmig der Name klingt, so feindlich, hart und karg wirkt auch die Landschaft am Grimselpass, der Wasserscheide zwischen Mittelmeer und Nordsee, dem Quellgebiet von Aare und Rhone. Auf 2165 m ü.M. wird die Kette des zentralen Aarmassivs, das sich von Eiger, Mönch, Jungfrau und dem Finsteraarhorn bis zum Dammastock hinzieht, überschritten. In der Vergangenheit waren es Säumer, die der widrigen Steinwelt Handelsrouten über den Pass abtrotzten. Heute wälzen sich Autoschlangen durchs Haslital auf der Suche nach Natur. Doch Verkehr hin oder her – diese Granitlandschaft mit ihren Gletschern, wuchtigen rund geschliffenen Felskuppen, schroffen Gipfeln, Wasserfällen, Staumauern, Hochspannungsmasten und Stromleitungen bleibt grossartig. Eine Landschaft geprägt durch die Geschichte der Erde, die

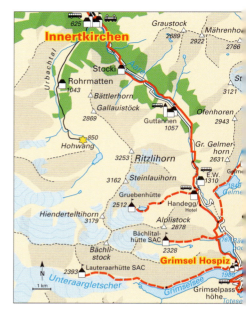

Kristallkluft Gerstenegg

SERVICE

ANREISE: Mit der Bahn bis Innertkirchen (KB 474), Postauto bis Handeck/Grimsel Hospiz (KB 470.75).

FÜHRUNGEN: Der KWO-Besucherdienst organisiert Führungen für Gruppen, Schulklassen und Vereine. Anmeldung: KWO, Besucherdienst, 3862 Innertkirchen, Tel. 033 982 20 11, www.grimselstrom.ch. Für Einzelpersonen finden jeweils montags und mittwochs Führungen ins Umwälzwerk Grimsel 2 und zur Kristallkluft Gerstenegg statt. Auskunft und Anmeldung: Tourist Information Alpenregion, Tel. 033 972 50 50.

JAHRESZEIT: Ende Juni bis Anfang Oktober.

ZEITAUFWAND: Führung mit Anreise ab Meiringen einen halben Tag.

VERPFLEGUNG: Zu den Kraftwerken Oberhasli gehören drei Hotels/Gastronomiebetriebe, das Hotel Handeck, das Grimsel Hospiz und das Berghaus Oberaar. Neben sehr guter Küche bieten sie auch Unterkunft in verschiedenen Kategorien. *Auskunft:* Hotel Handeck, 3864 Guttannen, Tel. 033 982 66 11, www.grimselhotels.ch

TIPP: Kinder werden mit viel Spass auf «Grims Kristallweg» vom Hospiz zur Handeck wandern und unterwegs an Steinmandli, einer Kristallkluft, einem Echostandort und andern Erlebnisposten vorbeikommen. Extra-Plan erhältlich bei KWO-Besucherdienst, Tel. 033 982 20 22.

AUSKUNFT: KWO-Besucherdienst, 3862 Innertkirchen, Tel. 033 982 20 11, www.grimselstrom.ch. Region: Tourist Information Meiringen-Haslital, Bahnhofstr. 22, 3860 Meiringen, Tel. 033 972 50 50, www.alpenregion.ch

Grimselsaumpfad

Geschichte der zähen Bewohner des Haslitals, durch die Errungenschaften der modernen Technik.

SECHS STAUSEEN und ein natürlicher See sind eingebunden in das Stromnetz der Kraftwerke Oberhasli, KWO. 700 Millionen Kubikmeter Wasser fliessen den Seen und Stollen zu, 2000 Millionen kWh Strom werden im Schnitt pro Jahr dank der «weissen Kohle» der Alpen produziert. Von Grimsel- und Sustenpass bis nach Innertkirchen reichen die Tentakel des Stromgiganten mit seinen 105 Kilometern Wasser führenden Stollen und Druckschächten, 23 Kilometern Zugangsstollen, befahrbaren Tunnels, Kraftwerksbahnen. Einer unterirdischen Stadt kommen die Zentralen, Transformatorenhallen, Schaltstationen, Kavernen, Wasserschlösser im Aaregranit gleich. Und diese unterirdische Welt birgt noch mehr Geheimnisse als Maschinenräume und Felslabors. Beim Stollenbau stiessen die Mineure auf Kristallklüfte, den Schatzkammern des Haslitals.

Was noch?

Innertkirchen BE

NATUR UND TECHNIK, Bergweg und Stollenfahrt, Kristallklüfte und Turbinenhallen sind die entgegengesetzten Pole einer Besichtigungstour durch die Stromproduktionsanlagen der KWO. Ein seltsames Gefühl beschleicht einen, wenn der Bus durch das grosse Tor in den Berg einfährt, denn Tonnen von Beton, Granit und Wasser drücken gegen das Tunnelgewölbe. Wie müssen sich wohl die ersten Arbeiter, die zwischen 1925 und 1932 am Kraftwerk Handeck 1 bauten, in dieser wuchtigen Bergwelt gefühlt haben? Mitten im Berg drin, 3 Kilometer entfernt von Tageslicht und Aussenwelt, beginnt der faszinierende Spaziergang durch das Werk Grimsel 2. Wer es eher mit der Technik hat, wird gebannt den Erklärungen zu Durchlaufgeschwindigkeit, Turbinenleistung und Maschinentypen lauschen und mit Erstaunen zur Kenntnis nehmen, wie bunt sich eine Generatorenhalle präsentiert. Andere werden die Nase platt drücken an den Scheiben, welche die glitzernde, mehr als 20 Meter lange Kristallkluft

Erlebnisse am Grimsel-Kristallweg

schützen, die beim Stollenbau angeschnitten wurde. Die Entstehungsgeschichte der Kluft mit bis zu 20 Zentimeter grossen Bergkristallen, dunkelgrünem Chlorit, rosa Fluorit und messingfarbenem Pyrit umfasst 15 Millionen Jahre: Risse im Granit füllten sich mit heissen Kochsalzlösungen aus dem Erdinneren, die ihrerseits Mineralien aus dem Stein lösten; während der langen Abkühlungszeit verwandelten sich diese Mineralstoffe in Kristalle.

WIEDER AN DER FRISCHEN BERGLUFT, nach einer kurzen Fahrt zum Grimsel Hospiz auf dem Felssporn über dem Grimselsee, betrachtet man die Umgebung mit anderen Augen. Gewaltig sind die Eingriffe des Menschen, aber noch gewaltiger ist die Natur in dieser steinernen Bergwelt. Und vielleicht fühlt man sich nach dem Abstecher unter die Erde reif für eine Himmelsfahrt: Mit 110 Prozent Steigung (das heisst 48°) saust die Gelmerbahn von der Handeck zum Gelmersee hinauf. Bitte Platz nehmen und anschnallen!

Das noch!

ERLEBNISSTROM

Staumauern und Wasserkraftanlagen gehören in der Schweiz zu den grössten Bauwerken überhaupt. Doch nicht nur die Bauten faszinieren, sondern auch das Innenleben von Kraftwerken, sei es eine Grossanlage oder ein Kleinkraftwerk aus der Jahrhundertwende. Der Verband Schweizerischer Elektrizitätsunternehmen VSE hat eine Broschüre mit dem Titel «Erlebnis Strom» herausgegeben. Darin werden alle Kraftwerke (Wasser, Kernkraft, erneuerbare Energien) beschrieben, die man besichtigen kann. Die Broschüre ist für Fr. 3.50 erhältlich bei: Verband Schweizerischer Elektrizitätsunternehmen VSE, Gerbergasse 5, 8023 Zürich, Tel. 01 226 51 11, www.strom.ch

Le Châtelard VS — 23

STEILANSTIEG ZUM STAUSEE

Weit hinten im Vallée du Trient und direkt an der Grenze zu Frankreich führt eine spannende und für Kinder höchst attraktive Bähnchensafari zur Krone der mächtigen Bogenstaumauer des Lac d'Emosson. Wer nicht schon von der Anreise hell begeistert ist, wird spätestens beim Betrachten des Bergpanoramas auf seine Rechnung kommen: Es grüsst der Mont Blanc aus nächster Nähe.

KULTUR

ABENTEUER

FAMILIE

JAHRESZEIT

Le Châtelard VS

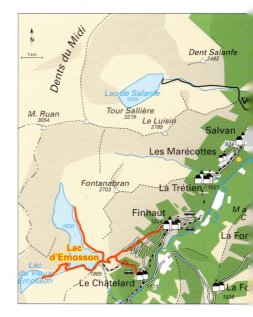

Selbstverständlich kann, wer unbedingt will, Le Châtelard auch mit dem Auto erreichen. Aber das wäre ausgesprochen schade, denn im Auto muss man das Vallée du Trient und seine spektakulären Schluchten umfahren. Viel spannender ist es, in Martigny einen der rot-weissen Wagen des Mont-Blanc-Express zu besteigen, sich die 200-Promille-Steigung von Vernayaz nach Salvan gemütlich hochtragen zu lassen um dann, vorzugsweise in der linken Sitzreihe, schaudernd und bewundernd in die Tiefe zu blicken. Und die ist echt tief, teilweise liegt die Sohle der Trientschlucht 400 Meter unter dem Bahntrassee. Brücke um Brücke, Tunnel um Tunnel arbeitet sich der Zug in die Höhe bis Le Châtelard, 1148 m ü.M.

UND HIER HEISST es ohnehin umsteigen, ob man nun mit dem Mont-Blanc-Express

Im Mont-Blanc-Express

SERVICE

ANREISE: Mit den SBB bis Martigny (KB 100), von Martigny bis Le Châtelard mit dem Mont-Blanc-Express (KB 132), von Le Châtelard bis Lac d'Emosson mit Bergbahnen (KB 2143).

WANDERROUTE: Von der Bergstation des Minifunic über die Staumauer und via Tête de Largey zum Lac du Vieux d'Emosson, Wanderzeit 1 Stunde 20 Minuten (Hinweg). Der Weg zu den Dinosaurierspuren, die gewöhnlich nur im August, wenn der Schnee auf 2400 m ü.M. geschmolzen ist, zu sehen sind, nimmt nochmals 1 Stunde in Anspruch. Mit Kindern nicht geeignet.

WEITERWANDERN: Vom Lac d'Emosson aus bieten sich schöne Gebirgstouren an, z.B. die Tour du Ruan, via Col de Barberine und Col d'Emaney zum Lac de Salanfe.

KARTE: Wanderkarte 1:25 000, Vallée du Trient, Association valaisanne de la randonnée pédestre.

VERPFLEGUNG: In Le Châtelard, beim Lac d'Emosson.

JAHRESZEIT: Die Bergbahnen fahren von Anfang Juni bis Mitte Oktober.

AUSKUNFT: Trains Touristiques d'Emosson, Gare du Funiculaire, 1925 Le Châtelard, Tel. 027 769 11 11, www.emosson-trains.ch

Standseilbahn

Panoramazug und Minifunic

oder mit dem Auto angereist ist. Wer unbedingt will, kann vor dem Abheben nach oben schauen. Die Geleise führen direkt in den Himmel. Kaum hat sich der silbergraue Wagen der Standseilbahn in Bewegung gesetzt, spürt man wos lang geht: Mit 87 Prozent Steigung gefühlsmässig senkrecht nach oben. Für Achterbahnfans ein reines Vergnügen, für alle anderen ein Magennerven kitzelndes Abenteuer. Die Bahn von Le Châtelard bis Château d'Eau ist übrigens die steilste Zweikabinen-Standseilbahn der Welt.

DER KLEINE PANORAMAZUG, der die Fahrgäste alsdann von Château d'Eau zum Fuss der Staumauer von D'Emosson führt, ist dagegen das absolute Erholungsprogramm. Ausser, dass die kleinen offenen Schmalspurwägelchen ab und zu ganz schön hart am Abgrund entlang fahren. Aber es blickt ja ohnehin niemand nach unten während dieser Fahrt, denn die Landschaft ist derart beeindruckend, dass die

Was noch?

Le Châtelard VS

Augen an den Horizont geheftet bleiben. Die Viertausender scheinen sich extra für die Touristen in Position gestellt zu haben. Unter der alles dominierenden Schirmherrschaft des Mont Blanc glänzen und glitzern die Eis- und Schneefelder von Aiguille du Midi, Mont Dolent, Aiguille d'Argentière.

AM FUSSE DER 180 Meter hohen Bogenmauer, zwischen 1967 und 1975 errichtet, wird das Transportmittel wieder gewechselt. Minifunic heisst die auf einer Schiene fahrende Einkabinenbahn, die lautlos nach oben gleitet. Und dann öffnet sich die Weite des Lac d'Emosson, der nicht nur eine ganze Alp mit Häusern, Wirtschaft und Kapelle, sondern auch den 1925 errichteten kleineren Stausee Barberine verschluckt hat. 225 Millionen Kubikmeter Wasser fasst der See, der durch grosse Druckstollen die Elektrizitätszentralen von Châtelard-Vallorcine (F) und La Bâtiaz bei Martigny mit Antriebswasser versorgt. Das Wasser stammt aus einem Einzugsgebiet von 175 Quadratkilometer, das zur Hälfte in Frankreich und zur Hälfte in der Schweiz liegt. Ebenso gehört die Betriebsgesellschaft «Eletricité d'Emosson» zu 50 Prozent Frankreich und zu 50 Prozent der Schweiz.

VON DER MAUERKRONE, über die ein Weg führt, öffnet sich das beeindruckende Bergpanorama noch mehr. Nun steht man auf 1965 m ü.M., blickt direkt ins Mont-Blanc-Massiv im Süden, während sich im Norden der Tour Salière und der Mont Ruan über ihren Gletscherfeldern erheben. Ein Wanderweg verbindet den Lac d'Emosson mit dem sehr viel kleineren Lac du Vieux d'Emosson und führt weiter zu den Dinosaurierspuren im Felsen am Fusse des Col des Corbeaux, einer der bedeutendsten Fundstellen in Europa. Schwer sich vorzustellen, dass dieses Felsstück auf 2400 m ü.M. mitten im Hochgebirge einst ein Streifen Meeresufer war!

 Das noch!

STROM- UND BAHNMUSEUM

Die mächtigen aus grossen Steinen gefügten Bauten der SBB-Stromzentrale Barberine direkt am Bahnhof von Châtelard Village sind der richtige Rahmen für eine einzigartige Ausstellung zu den Themen Stromerzeugung, Bau der Staumauern, Geschichte der Elektrizität und ihrer Anwendung, illustriert mit Geräten, Maschinen, Apparaten und Generatoren aus allen Epochen. Die Entwicklung der Stromerzeugung wird lebendig dargestellt, ebenso die Arbeit in einem Kraftwerk und in einer Stromzentrale. Es besteht zusätzlich die Möglichkeit, an einer Führung durch die Stromzentrale teilzunehmen. Öffnungszeiten Museum: Mitte Juni bis Ende September Mo bis Sa 14–16

SBB-Museum Le Châtelard

Uhr, geführte Touren jeweils 10.30 Uhr. Erwachsene Eintritt Fr. 5.–, Kinder Fr. 2.–.
AUSKUNFT: Musée CFF, 1925 Le Châtelard, Tel. 027 768 11 10.

Vallée du Trient VS

24

TAL DER SCHLUCHTEN

Abseits der Hauptrouten, ohne durchgehende Autostrassen sondern nur erschlossen durch den Mont-Blanc-Express, vom Rhonetal durch einen hohen Felsriegel getrennt, hat das Trienttal viel seiner Wildheit und Ursprünglichkeit bewahrt. Für Bewunderer von Schluchten bietet das Trienttal ganz besondere Leckerbissen: vier Schluchten, zugänglich gemacht durch Stege, Treppen und Galerien.

KULTUR

ABENTEUER

FAMILIE

JAHRESZEIT

Vallée du Trient VS

Steil steigen Strasse und Bahntrassee von Martigny in der Rhoneebene entlang der Flanke des Mont d'Ottan hinauf zur schmalen Terrasse des Vallée du Trient, 1000 m ü.M. Nur wenig Raum bleibt für Siedlungen, die sich an einen schmalen Sims zwischen den Abhängen von Le Luisin und Le Tsarvo auf der einen, dem tiefen Einschnitt der Schlucht von Trient auf der anderen Seite klammern. Das Gelände wird zusätzlich durch Schluchten, die sich in die Felsabhänge gefressen haben, durchfurcht und zerschnitten. Die Autostrasse endet bei Le Trétien, nur die Bahn fährt weiter. Um Trient, Finhaut und Le Châtelard im oberen Teil des Vallée du Trient mit dem Auto zu erreichen, ist der grosse Umweg über den Col de la Forclaz notwendig.

DIESE ABGESCHIEDENHEIT und die schwierige Topographie haben den Bewoh-

Gorges du Dailley

SERVICE

ANREISE: Mit den SBB bis Martigny (KB 100) und mit dem Mont-Blanc-Express (KB 132) nach Salvan und Le Trétien. Nach Le Trient Postauto von Martigny (KB 100.41).

WANDERROUTEN: Gorges du Trient, von Vernayaz aus, beanspruchen ca. 30 Minuten; die Rundwanderung Salvan – Gorges du Dailley beansprucht 2 Stunden, die Besichtigung der Gorges du Triège 30 Minuten, Wanderung Trient bis Finhaut via Gorges Mystérieuses 1 Stunde 30 Minuten.

KARTE: Wanderkarte Vallée du Trient 1:25 000, Association valaisanne de la randonnée pédestre.

ÖFFNUNGSZEITEN: Gorges du Trient: Nach Umbauphase voraussichtliche Wiedereröffnung im Jahr 2002, bitte vor Besuch aber telefonisch abklären: Tel. 027 764 16 13; die Gorges du Triège sind geöffnet von Ende Juni bis Mitte September täglich von 10–17 Uhr, Eintritt Erwachsene Fr. 3.–, Kinder Fr. 2.–. Die Gorges du Dailley und die Gorges Mystérieuses sind frei zugänglich. Beste Zeit: Juni bis Mitte Oktober.

RESTAURANTS: In Salvan, Les Granges, Tête-Noir.

AUSKUNFT: Office du Tourisme, Les Marécottes/Salvan, 1923 Les Marécottes/Salvan, Tel. 027 761 31 01, www.salvan.ch

Mont-Blanc-Express

Gorges du Triège

nern des Tales immer einen harten Existenzkampf abverlangt. Anbauen liess sich wenig, der Weg hinunter ins Rhonetal, zu Arbeitsplätzen, weiterführenden Schulen, Spitälern war zeitraubend und beschwerlich. Heute jedoch sind gerade die Wildheit und die Schönheit des schluchtenreichen Tals seine Hauptattraktion.

DEN AUFTAKT MACHT die Schlucht des Trient. Mehrere hundert Meter tief hat sich der Trient seinen Weg von der Col de la Forclaz zum Rhonetal durch den felsigen Untergrund gefressen. Dort, wo der Trient bei Vernayaz aus der Schlucht tritt, erheben sich links und rechts in nur wenigen Meter Abstand die Felswände. Hier gibt es keinen Durchgang, aber einen eindrücklichen Weg auf Stegen, der einem erlaubt, ca. 700 Meter in die Schlucht vorzudringen.

WÄHREND DIE TRIENTSCHLUCHT dunkel und eng ist, bieten die Gorges du Dailley oberhalb von Salvan ein ganz anderes Spektakel. Die Salanfe hat sich einen

Was noch?

Vallée du Trient VS

Weg in der Vertikalen durch die Felsen gesucht. Über steile Treppen, scheinbar freitragende Stege und schmale Brücken folgt man dem wilden Wasser und geniesst gleichzeitig den Schwindel erregenden Blick tief hinunter ins Rhonetal sowie das Panorama der schneebedeckten Viertausender in der Ferne. Gleissend fällt das Sonnenlicht auf schäumende Wasserfälle, während grosse Felsblöcke, die zwischen den senkrechten Wänden stecken, tiefe Schlagschatten werfen.

ERNEUTER SZENENWECHSEL. Der Weg durch die Triège-Schlucht beim Dörfchen Le Trétien schraubt sich Stufe um Stufe in die Höhe. Brücken, eine eiserne Wendeltreppe, ein Tunnel und Holzstege ermöglichen den Spaziergang entlang dem tosenden Bach, der Schmelzwasser vom Col de Barberine und der Alp Emaney hinunter zum Trient trägt. In den tiefen Becken ist das Wasser türkisgrün; grosse Findlingsblöcke, Grotten und rundgeschliffene Gletschertöpfe säumen Bach und Weg und an die feuchten Seitenwände klammern sich Büsche und Laubbäume.

NOCH EIN STÜCK weiter talaufwärts liegt der Einstieg zu den Gorges Mystérieuses de Tête-Noire. Der Wanderweg, der Trient mit Finhaut auf der gegenüberliegenden Talseite verbindet, führt über vier Holztreppen und eine 110 Meter lange Galerie in die Gorges Mystérieuses, die geheimnisvolle Welt der Grotten, Nymphen, Wasserfälle. Die beeindruckende Naturbrücke zuunterst in der romantischen Schlucht, Becken gefüllt mit klarstem Wasser und schattig-düstere Partien hatten bereits vor 120 Jahren die Touristen zum Hotel Tête-Noire gelockt, dem nächsten Einstieg in die Schlucht. Heute vermag dieses Naturschauspiel noch genauso zu verzaubern.

 Das noch!

SCHWIMMEN UND STAUNEN

Wer Vallée du Trient sagt, denkt gleichzeitig Alpinzoo und Alpinschwimmbad Les Marécottes. Tatsächlich sind diese beiden Attraktionen einzigartig in der Schweiz. Der Zoo erstreckt sich über 35 000 Quadratmeter in natürlicher, wilder Berglandschaft und beherbergt Tiere der Alpen: Rothirsch, Steinbock, Gämse, Luchs, Murmeltier, Eulen, Bär, Mufflon, Wildkatze, Wolf, Adler. Ebenso attraktiv ist das alpine mit Solarenergie beheizte Schwimmbad, dessen Becken von 70 Meter Länge komplett aus dem Fels geschlagen wurde. Öffnungszeiten: Zoo täglich von 9 Uhr bis zum Einbruch der Dunkelheit, Schwimmbad Juni bis Mitte September täglich von 9 Uhr bis zum Einbruch der Dunkelheit. Eintritt Zoo Er-

Alpinzoo Les Marécottes

wachsene Fr. 9.–, Kinder Fr. 6.–; Eintritt Schwimmbad Erwachsene Fr. 6.–, Kinder Fr. 4.–; Kombi-Ticket Erwachsene Fr. 13.–, Kinder Fr. 8.–.

AUSKUNFT: Zoo/Piscine Les Marécottes, 1923 Les Marécottes, Tel. 027 761 15 62.

Leukerbad VS

25

HEISSE ALPENQUELLEN

Von «Horrenda saxa», grausamen Felsen, schrieben Chronisten, wenn sie in Reiseberichten Leukerbad am Fusse der Gemmiwand erwähnten. Doch hinter den wie eine unüberwindliche Burgmauer in den Himmel ragenden Kalksteinfelsen verbirgt sich ein einzigartiges Geschenk: Wasser, das mit 51° Celsius an die Oberfläche dringt. Dank dieser Quellen entstand der weltberühmte Kurort Leukerbad.

KULTUR

ABENTEUER

FAMILIE

JAHRESZEIT

Leukerbad VS

Nun ging es die hohe Schlucht hinter Inden hinauf, wo wir denn bald den so schrecklich beschriebenen Gemmiberg vor uns sahen, und das Leukerbad an seinem Fuss, zwischen anderen hohen unwegsamen und mit Schnee bedeckten Gebirgen, gleichsam wie in einer hohlen Hand liegen fanden», hielt Johann Wolfgang von Goethe im November 1779 fest, und bemerkte überrascht, dass die Quellen, «die an verschiedenen Orten sehr stark aus der Erde hervorkommen und reinlich eingefasst sind», nicht den mindesten «schwefelichten Geruch» hatten. Als Goethe 1779 Leukerbad besuchte, herrschte in diesem abgelegenen Bergdorf schon reger Badebetrieb. Bereits im 13. Jh. wurde der Ort erwähnt, um 1315 finden sich in alten Schriften Hinweise auf Bäder und gegen Ende des 15. Jh. wurden erste Gasthäuser in «Baden»,

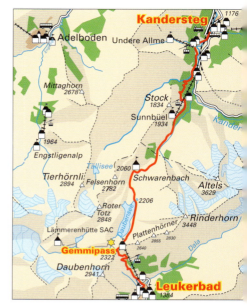

Gemmi-Saumpfad

SERVICE

ANREISE: Mit den SBB bis Leuk Stadt (KB 100), Bus bis Leukerbad (KB 100.82).
JAHRESZEIT: Ganzjähriger Badebetrieb! Im Sommer 60 km Wanderwege, Bergsteigen, Gleitschirmfliegen, Tennis, Mountainbike, Schwimmen. Im Winter 50 km Skipisten, 25 km Langlaufloipe, 40 km Winterwanderweg, Schlittelbahn, Gleitschirmfliegen, Tennis, Eisbahn, Curling.
KARTEN/WANDERFÜHRER: Landeskarte der Schweiz 1:25 000, Blatt 1267 «Gemmi», Wanderbuch Kümmerly+Frey, «Leukerbad – Lötschental».
WANDERUNGEN: Gemmi, Daubensee, Klettersteig Daubenhorn (mit Bergführer), Torrentalp, Torrenthorn, Albinen, Inden.
AUSKUNFT: Leukerbad Tourismus, 3954 Leukerbad, Tel. 027 472 71 71, www.leukerbad.ch

Gemmi-Passhöhe

wie Leukerbad hiess, gebaut. Nachdem Paracelsus die Thermalquellen beschrieben hatte, setzte der Badtourismus richtig ein. Ein Saumweg führte von Leuk durchs unwegsame Dalatal herauf, und von Bern her mühten sich die Badegäste über die «überaus schröckliche» Gemmiwand hinunter ins Dorf. Und obwohl Leukerbad zwischen 1518 und 1719 dreimal ganz von Lawinen zerstört wurde, rappelte sich das Dorf immer wieder auf, baute aus und zog immer mehr Badegäste an.

HEUTE ZÄHLT DER KURORT 1700 Einwohner, 28 Hotels und 1700 Ferienwohnungen. Zum Badebetrieb gehören das Burgerbad (die grösste Alpentherme Europas), die Lindner Alpentherme, die Regina-Therme, das Volksheilbad, das Solebad und das Reha-Zentrum mit Fachkliniken. Das Wasser, das mit 44° bis 51° Celsius aus rund 20 Quellen sprudelt, stammt aus 2000 Meter Tiefe, und auf dem Weg nach oben hat es sich nicht nur aufgewärmt, sondern auch mit Mineralien angereichert. Helfen soll es bei allen rheumatischen Erkrankungen und gut sein für das persönliche Wohlbefinden. Heute ist Wellness fast wichtiger

Blick von der Gemmi auf Leukerbad

Was noch?

Leukerbad VS

als Therapie, und die grosszügigen Badeanlagen mit Aussen-, Innen-, Sport- und Sprudelbecken, Kinderbad und Saunalandschaften, Massageangeboten und Römisch-irischer Therme sprechen ein anderes, jüngeres Publikum an als die Kurgäste früherer Zeiten. Im Mittelalter muss der Badebetrieb ähnlich lustvoll und sinnlich gewesen sein, Erzählungen aus dem 19. Jh. schildern fröhliche Gelage im Bad und von plaudernden Zuschauern auf den hölzernen Galerien rund um die Becken.

IM WINTER, WENN ÜBERALL Schnee liegt, ist das Baden in den Leukerbader Thermen besonders reizvoll. Aus allen Becken dampft es in den kalten Winterhimmel. Und während man wohlig im warmen Wasser liegt, blickt man auf die schneebedeckten Berge: Daubenhorn, Plattenhörner, Torrenthorn, an dessen Hängen man noch kurz vorher seine Carving-Kurven geschwungen hat. Im Sommer ist es das weite Wandergebiet rund um den Kessel von Leukerbad, das für Abwechslung sorgt. Seit 1957 erleichtert die Seilbahn auf die Gemmi den Weg durch die Felswand, doch wäre es eine gute Erfahrung, den Pfad zu gehen, auf dem die vornehmen Badegäste von Kandersteg her angereist kamen, zu Fuss oder auf Maultieren, was auch nicht immer unproblematisch war: «Ein Kerl, der mit einem Maultier neben uns hinabstieg, fasste sein Tier, wenn es an gefährliche Stellen kam, beim Schweif, um ihm einige Hülfe zu geben, wenn es gar zu steil vor sich hinunter in die Felsen musste.» Zwar handelt es sich bei dieser Schilderung von Goethe um die Felspassage zwischen Varen und Inden, aber in der Gemmiwand war es nicht anders. Na, vielleicht wäre für den Weg nach unten doch die Seilbahn vorzuziehen…

 Das noch!

WINTERWANDERUNG GEMMI

Hinter den meisten Winterwanderungen verbergen sich einfache Spaziergänge im Schnee. Anders bei der Winterwanderung über den Gemmipass. Mit ca. vier Stunden Wanderzeit muss rechnen, wer von der Gemmi ins Berner Oberland über die gut gepfadete Schneepiste stapft, unter dem sich der alte Saumpfad verbirgt. Etwa ab Mitte Februar ist der Weg offen und die Wanderung ist absolut spektakulär. Man bewegt sich in einer hochalpinen Schneewelt, die Wildstrubelkette und der Öschinengrat bilden den westlichen, Rinderhorn, Balmhorn und Altels den östlichen Horizont. Auf halbem Weg bietet sich das Berghotel Schwarenbach, seit 250 Jahren sicherer Hafen für Gemmi-Wanderer, für eine Pause

Auf dem Gemmiweg

an. Von dort geht es gemächlich bergab über die Spittelmatte zum Sunnbüel (Bahn nach Kandersteg).

AUSKUNFT: Kandersteg Tourismus, 3718 Kandersteg, Tel. 033 675 80 80, www.kandersteg.ch

Saas Fee VS 26

EISIGE PRACHT

Ohne Mühen und Gefahren das Innere eines Gletschers erkunden ist bereits ein grossartiges Erlebnis. Und wenn die Anreise so spektakulär ist wie die Fahrt in der Gondelbahn über und in der Metro Alpin unter der Erde vom Dorf Saas Fee zur Bergstation Mittelallalin auf 3500 m ü.M. bleiben keine Wünsche offen. Der Eispavillon Mittelallalin ist eine Reise wert!

KULTUR

ABENTEUER

FAMILIE

JAHRESZEIT

Saas Fee VS

Immer nach oben. Saas Fee liegt ja schon auf 1800 m ü.M., der Ausflug zur Bergstation Mittelallalin setzt noch 1700 Höhenmeter dazu. Die ersten Etappen bis Felskinn überwindet der Alpin-Express in atemberaubender Umgebung. Denn mit jedem Höhenmeter, den die Gondel gewinnt, weitet sich das Panorama, rücken die Gletscher näher und präsentieren sich die Viertausender majestätischer. Die vom Feegletscher geschaffene Topographie von Saas-Fee enthüllt sich erst richtig durch den Blick aus der Vogelperspektive. Die deutlich konturierten Endmoränen nördlich der Gletscheralp, der milchigweisse Gletschersee, bewachsene und überbaute Schuttkegel, das Resultat von Erdrutschen nach dem ersten Rückzug der Gletscher vor ca. 7000 Jahren, heben sich deutlich voneinander ab. Vor 150 Jahren stiessen die Gletscher

Eispavillon

SERVICE

ANREISE: Von Brig/Visp aus mit dem Postauto bis Saas Fee (KB 145.10). Von der Endstation ca. 6 Minuten Fussweg bis zur Talstation des Alpin-Express (KB 2302), umsteigen auf Felskinn in die Metro-Alpin (KB 2303.2). Mit dem Auto: Zufahrt bis zum verkehrsfreien Saas Fee möglich, das Auto muss im Parkhaus gelassen werden.

GEÖFFNET: Während der Betriebszeiten der Bahn.

EINTRITT: Erwachsene Fr. 7.–, Kinder Fr. 3.50. Dazu kommt der Fahrpreis der Bergbahn: Erwachsene Fr. 68.–, Kinder Fr. 34.–. Halbtax-Abo und Juniorkarte sind gültig. Der Eintritt in den Eispavillon kann direkt an der Talstation des Alpin-Express gelöst werden.

VERPFLEGUNG: Drehrestaurant und Selbstbedienungsrestaurant bei der Bergstation Mittelallalin. Restaurants in Saas-Fee.

AUSKUNFT: Verkehrsbüro Saas Fee, 3906 Saas Fee, Tel. 027 958 18 33, www.saasfee.ch

TIPP: Warme Kleidung mitnehmen. Achtung: Ältere Leute und Kleinkinder können wegen der Höhe gesundheitliche Probleme bekommen.

Winterzauber in Saas-Fee

Skitour im Allalingebiet

wieder einmal fast bis zum Dorf vor, frassen ein paar Lärchenwälder, doch seither befinden sie sich wieder auf dem Rückzug.

WAS ES GENAU MIT dem Vor und Zurück der Gletscher auf sich hat und in welcher Geschwindigkeit die auf den ersten Blick starren Eismassen fliessen wird sehr anschaulich, spannend und gut verständlich im Eispavillon bei der Bergstation der Metro Alpin gezeigt. Wenig mehr als 3 Minuten braucht diese erste U-Bahn des Hochgebirges, um die letzten 500 Höhenmeter zu überwinden. Tritt man aus dem Ankunftsgebäude ins Freie, stockt der Atem. Nicht so sehr wegen der Höhe, die empfindlichen Menschen zu schaffen machen kann, sondern wegen des gleissenden Lichtes. Rundum ist alles weiss und hart reflektiert die Sonne auf Schnee und Eis. Auf dem Gletscher herrscht reger Skibetrieb. Der

Was noch?

Saas Fee VS

Himmel scheint noch blauer, und die Gipfel sind jetzt fast zum Greifen nah: Das Allalinhorn mit 4027 m, das gewaltige Plateau des Alphubels mit 4206 m, die steilen Ostflanken des Doms, dessen 4545 m nur noch vom Monte Rosa im Süden übertroffen werden.

NOCH EIN RUNDBLICK INS Hochgebirge, dann lockt die Eisgrotte, mit 5000 m³ die grösste der Welt. Ein 70 Meter langer Stollen trennt Aussen- und Innenwelt. Es wird eisig kalt, eine dicke Jacke und warme Schuhe sind unabdingbar. Denn man bewegt sich in reinem Eis. In Nischen, Vitrinen, an Schautafeln und mit sehr lebendig wirkenden Inszenierungen wird den Besuchern die Welt der Gletscher und die Arbeit der Gletscherforscher nahe gebracht. Die Gletscherspalte verliert ihren Schrecken, wenn man sie vom sicheren Steg aus entdecken darf. Gleichzeitig ist einem bewusst, dass sich Tonnen von Eis mit etwa 10 Meter Dicke über dem Kopf auftürmen. Während die Erwachsenen sich mit Glaziologie, Mineralien und Überwachungsinstrumenten befassen, finden die Kinder ihr eigenes Paradies, ein Spieliglu, in das nur kriechen kann, wer weniger als 130 cm misst. Auch für die «Grossen» gibt es neben der reinen, ausgezeichnet präsentierten Sachinformation witzige Details und Gags. Yeti ist da, der Eiffelturm rückt plötzlich ins Blickfeld, und «Ötzi» ist auf Besuch.

WÄHREND DIE GLETSCHER- UND Mineralienausstellung permanent ist, steht im Glaciarium ein Raum für Wechselausstellungen zur Verfügung. Die Themen dieser Ausstellungen sind in der Regel das Hochgebirge, Eis und Schnee. Das Glaciarium hat aber noch eine weitere Funktion. Hier darf geheiratet werden, auf 3500 m ü.M., 10 Meter unter der Gletscheroberfläche. Ob das Eis die leidenschaftlichen Versprechen wohl aushält?

 Das noch!

VOM GLETSCHER IN DIE GORGE

Die einen zieht es hoch hinaus, die andern lockt die Tiefe. Und der Nervenkitzel. In den letzten Jahren gewann nicht nur das Canyoning zunehmend an Popularität, sondern auch der weniger riskante und vor allem ganz trockene, aber durchaus sehr abenteuerliche Durchstieg von Schluchten. Die Gorge Alpine zwischen Saas Fee und Saas Grund wurde in den letzten Jahren mit Haken, Leitern, Hängebrücken und Stahlseilen erschlossen. In Begleitung von Bergführern können auch bergtechnisch nicht versierte Liebhaber von Outdoor-Attraktionen den luftigen Weg durch die Schlucht wagen, gut gesichert mit Klettergurt und Seil. Von Vorteil ist allerdings Schwindelfreiheit, denn

Gorge Alpine

fester Boden wird selten berührt. Und ein bisschen Mut, sich auf dieses Abenteuer einzulassen.

AUSKUNFT: Bergführerbüro Saas Fee, Tel. 027 957 44 64. Alpinschule Weissmies, Tel. 027 957 14 44.

Belalp VS — 27

GLETSCHERTRAUM ALETSCH

Es gibt sehr viele sehr schöne Landschaften in der Schweiz. Eine der schönsten ist zweifellos das Aletschgebiet, Kandidat Unesco Weltnaturerbe. Einzigartig ist der Blick von der Belalp auf diesen riesigen Eisstrom, auf der einen Seite gesäumt vom urwüchsigen, seit 70 Jahren geschützten Aletschwald, auf der anderen von den Bergriesen des Aarmassivs. Eine geführte Wanderung über den Gletscher ist ein unvergessliches Bergerlebnis.

KULTUR

ABENTEUER

FAMILIE

JAHRESZEIT

Belalp VS

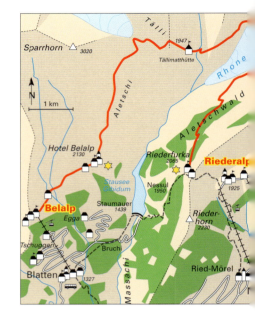

Wie ein Wachtposten sitzt das mehr als 100 Jahre alte ehrwürdige Hotel Belalp auf der äussersten Kante des Aletschbords hoch über Gletschermund und Massaschlucht. Von den Zimmerfenstern und von der Sonnenterrasse wird Aussicht vom Feinsten geboten, hinüber auf den Aletschgletscher, der sich mit 23 Kilometer Länge vom Konkordiaplatz her zwischen steilen felsigen Bergflanken und dem fast 1000-jährigen Aletschwald Richtung Südwesten vorschiebt. Zerfurcht, kaltblau, schmutzigweiss und silbergrau ist die Gletscheroberfläche, durch die sich als zwei dunkle Linien die Mittelmoränen ziehen. Trotz des starren Eindrucks ist der Gletscher in Bewegung, 180 bis 200 Meter wandert er pro Jahr.

DAS ZIEL DER Gletschertraversierung, die Riederfurka, scheint ganz nah und doch un-

Grosser Aletschgletscher

SERVICE

ANREISE: Mit der Bahn bis Brig (KB 100, 300, 610), von Brig Bus bis zur Talstation der Belalpbahn in Blatten (KB 145.35), Bergbahn nach Belalp (KB 2325). Von der Bergstation bis zum Hotel Belalp sind es ca. 20 Minuten Fussweg.

WANDERROUTE: Belalp – Aletschji – Tällihütte– Gletscher – Aletschwald – Riederfurka – Riederalp. Die Wanderzeit beträgt rund 6 Stunden, gute Kondition und gute Bergausrüstung sind erforderlich. Nur mit Bergführer auf den Gletscher. Preis ab Fr. 45.–. Anmeldung: Alpin-Center Belalp, Tel. 027 923 73 13.

KARTE: Landeskarte 1:25 000, Blätter 1269 «Aletschgletscher» und 2516 «Zusammensetzung Aletschgebiet».

JAHRESZEIT: Mitte Juni bis Anfang Oktober.

UNTERKUNFT/VERPFLEGUNG: Auf Belalp und auf der Riederalp gibt es mehrere Hotels und Restaurants. Am nächsten beim Gletscher liegt das Hotel Belalp (3914 Belalp, Tel. 027 924 24 22.)

AUSKUNFT: Belalp Tourismus, 3914 Blatten/Naters, Tel. 027 921 60 40, www.belalp.ch oder Riederalp Tourismus, 3987 Riederalp, Tel. 027 928 60 50, www.riederalp.ch

TIPP: In der Villa Cassel auf der Riederfurka hat Pro Natura ein Naturschutz-Bildungszentrum eingerichtet mit Ausstellungen über den Aletschwald und Veranstaltungen für die ganze Familie. Auskunft: Pro Natura Zentrum Aletsch, Villa Cassel, 3987 Riederalp, Tel. 027 928 62 20.

Gletscherüberquerung

endlich weit, jenseits dieser unbekannten Gletscherwelt. Und über Gletscher und Riederfurka liegt noch eine andere Welt. 11 Viertausender lassen sich vom sonnigen Sitzplatz auf der Terrasse zählen, inklusive Matterhorn, Mischabelgruppe, Weissmies und Fletschhorn. Nicht nur wegen der Aussicht empfiehlt es sich, die Wanderung über den Gletscher mit einer Übernachtung im Hotel Belalp zu beginnen. So hat man am Vorabend Zeit für die Lektüre von Gletschersagen. Geisterzüge, Hexen, arme Seelen, Tote, die nicht zur Ruhe kamen, bevölkerten die eisige Welt. Die kleinen Kinder sollen von hier gekommen, die bösen Menschen hierhin verbannt worden sein. Manchmal seien die Toten aus dem Gletscher heraufgestiegen, um in den Alphütten zu tanzen und regelmässig hätten sie sich, so eine Sage, in der Stube einer frommen Witwe, der alten Schmidja, auf Aletschji gewärmt.

Was noch?

Belalp VS

GENAU ÜBER DIESE Geländeterrasse des Aletschji geht es am nächsten Morgen hinunter, zuerst zur Schlucht am Ende des Oberaletschgletschers, dann auf gutem Weg zur Tällihütte. Jetzt beginnt der Abstieg durch Fels, eine kleine Schlucht und die Seitenmoräne zum Gletscher. Extratouren sind nun nicht mehr angesagt. Der Bergführer kennt alle Spalten, Risse und Tümpel, er führt die Gruppe sicher durch die faszinierende Gletscherwelt. Während der Traversierung wird auch klar, dass ein Gletscher nicht einfach Eis ist. Steine, Kies und feinen schwarzen Staub führt der Gletscher mit, Bäche fliessen durchs Eis und beeindruckend sind die Gletschertische, mächtige Findlingsblöcke auf Eistürmen. Und immer wieder möchte man pausieren, um die Umgebung zu bestaunen, die endlos scheinende Gletscherfläche, die schneebedeckten Gipfel, den dunklen Aletschwald.

Villa Cassel, Riederalp

IST DAS ANDERE GLETSCHERUFER erreicht, wird die Welt wieder bunt. Durch lockeren Lärchen- und Arvenwald wandert man zur Riederfurka. Alpenrosen und Heidelbeersträucher säumen den Weg, setzen Farbtupfer. Seit 1933 ist der Aletschwald, der sich über 9 Kilometer Länge zwischen 1600 und 2140 m ü.M. hinzieht, geschützt. Lange war der Wald durch Überholzung und Überweidung gefährdet, der Bestand total überaltert. In den letzten 70 Jahren konnte er sich erholen, einzige Gefahr sind die Hirsche, die im 300 Hektaren grossen Schutzgebiet nicht gejagt werden dürfen. Wer im Herbst im Aletschwald wandert, den wird ihr unheimliches Röhren auf Schritt und Tritt begleiten. Oder ob es vielleicht doch die Seufzer der armen Seelen aus den Gletscherspalten sind, die von Wand zu Wand echoen?

 Das noch!

DURCH DIE MASSASCHLUCHT

Ausgeschliffen vom Gletscherwasser bildet die Massaschlucht ein fast unüberwindliches Hindernis zwischen der Belalp und der Riederfurka. Seit dem Bau der Staumauer im obersten Bereich der Schlucht ist die zerklüftete Felsenlandschaft zugänglich – in Begleitung eines im Canyoning ausgebildeten Bergführers, mit einer Portion Mut und viel Abenteuerlust. Von Blatten aus wandert man zum Einstieg, klettert über Baumstämme, Findlinge, watet durch knöcheltiefes Wasser, tastet sich vor über Felsplatten und wagt die ersten Sprünge. Abseilen, Klettern, Schwimmen, Atem anhalten in der «Kathedrale», dem Herzen der Schlucht, die fantastische Felsenwelt bewundern – der Durchstieg der Massaschlucht ist ein einzigartiges Bergerlebnis. Dauer 6 Stunden, Ausrüstung ist im Preis (ab Fr. 140.–) inbegriffen.

AUSKUNFT: Alpin-Center Belalp, 3914 Blatten-Belalp, Tel. 027 923 73 13, www.alpincenterbelalp.ch

Goms VS

28

RADELN AM ROTTEN

Beim Furkapass auf 2272 m ü.M. nimmt die Rhone ihren Anfang; als wilder Rotten durchfliesst sie das weite Goms. Das langgestreckte Hochtal, obwohl Schnittstelle dreier wichtiger Passübergänge, hat seine spezielle Schönheit, seine eigene Kultur und seinen ausgeprägten Charakter bewahren können. Eine Velotour von Dorf zu Dorf entlang der Rotten führt zu Begegnungen mit Land und Leuten.

KULTUR

ABENTEUER

FAMILIE

JAHRESZEIT

Goms VS

Der erste Eindruck: sanft ansteigende saftig grüne Wiesen im breiten fast baumlosen Obergoms, Dörfer, in denen sich vom Alter gedunkelte Holzhäuser um eine stolze Kirche gruppieren, dicht bewaldete Bergflanken links und rechts. Gletscher hatten die breite Talsohle zwischen Aarmassiv und den Dreitausendern im Südosten ausgehobelt; Rüfenen und Bäche von den Steilhängen links und rechts Schwemm- und Schuttkegel wachsen lassen. Einen anderen Charakter zeigt das untere Goms zwischen Fiesch und Naters. Hier musste sich die Rhone durch felsigen Untergrund ihren Weg suchen, das Tal ist enger.

IDEALER AUSGANGSPUNKT für die Velotour durchs Goms ist Oberwald am Fusse von Furka und Grimsel. Hierhin bringt die Furka-Oberalp-Bahn Reisende, von hier erlaubt der Radweg abseits der Autostrasse

Abkühlung beim Riverrafting auf dem Rotten

SERVICE

ANREISE: Mit der FOB nach Oberwald (KB 610).
ROUTE: Oberwald (1500 m ü.M.) bis Brig (584 m ü.M.) 43 km, am besten aufgeteilt in zwei Tagesetappen. Die Route folgt der Rhone-Route von Veloland Schweiz.
KARTE: Offizieller Routenführer «Veloland Schweiz», Band 1, Werd Verlag, Zürich. Landeskarte der Schweiz 1:100 000, Blatt 42, «Oberwallis», oder Landeskarten 1:50 000, Blatt 265 «Nufenenpass» und Blatt 274 «Visp». Spezialkarte «Bike-, Rad- und Wanderwege Goms» kann gratis bei Goms Tourismus bezogen werden.
RADMIETE: Velos können beim Bahnhof Oberwald gemietet werden, Tel. 027 973 11 41.
VERPFLEGUNG/UNTERKUNFT: In allen Ortschaften des Goms gibt es gute Restaurants, Hotels, Pensionen, Ferienwohnungen.
AUSKUNFT: Goms Tourismus, 3984 Fiesch, Tel. 027 970 10 70, www.goms.ch.

Kappelle im Ritzingerfeld

müheloses Fahren durch die wunderbare Landschaft. Obwohl die Strecke von Oberwald bis Brig nur 43 Kilometer misst, sollte man sich mehr als einen Tag Zeit lassen. Denn viel Sehenswertes lockt unterwegs und da die Veloroute abseits der Dörfer an der Rhone entlang führt, ist jeweils ein Abstecher angesagt.
MEHR ALS 70 BAROCKKIRCHEN schmücken das Tal, Zeugen nicht nur der tiefen Gläubigkeit der an harte Winter, raues Klima und Naturkatastrophen gewöhn-

Was noch?

ten Bergbauern, sondern auch des Reichtums, der aus dem Saumwesen stammte. In der 1710 in reichstem Barock erbauten Pfarrkirche von Oberwald sind die Viehpatrone Antonius, Blasius und Georg für die Alltagssorgen der Bauern, der hl. Nikolaus als Schutzpatron der Reisenden für das Wohlergehen der Säumer zuständig. Während in Oberwald und im Nachbardorf Unterwasser die typischen Walserhäuser aus dunklem Holz das Ortsbild bestimmen, wirkt das nächste Dorf, Obergesteln, mit seinen in Reih und Glied angeordneten Steinbauten wie ein Fremdkörper. Nach dem Dorfbrand von 1868 wurde Obergesteln mit Geldern von ausgewanderten Gomsern aus Kalifornien aufgebaut – im amerikanischen Strassenraster. Auf der Höhe von Ulrichen kreuzt die Veloroute die Ägene und die Nufenenstrasse. Ulrichen ist ein typisches Walserdorf, die Häuser, Speicher, Stadel und Ställe dicht ineinander verschachtelt. Auch Geschinen weist das gleiche Ortsbild auf. Grund für diese verdichtete Bauweise war die grosse Lawinengefahr, auch heute noch eine ständige Bedrohung.

FÜR DIE MITTAGSRAST wählt man am besten Münster, den Hauptort des Goms, dessen prachtvolle Kirchen und reich verzierte Wohnhäuser die grosse Geschichte des Dorfes und seiner einst dominierenden Patrizierfamilien dokumentieren. Die Pfarrkirche mit ihrem romanischen Turm, spätgotischen Chor, Kirchenschiff im Renaissancestil und den barocken Seitenaltären beherbergt zudem einen der schönsten gotischen Altäre der Schweiz. Und unbedingt soll man sich Zeit nehmen für den Spaziergang aufs Biel, wo die Kapelle des hl. Antonius in barocker Üppigkeit thront. Und wer noch mehr Barock möchte: die Pfarrkirche von Reckingen, die Wallfahrtskapelle von Ritzingen, die Dorfkapelle von Selkingen. In Niederwald ist eine Gedenkminute an den berühmten Hotelier Cäsar Ritz, Sohn dieses Dorfes, fällig, und in Grengiols ein Ausflug zur «Chalber-Weid», wo die weltweit einzigartige Tulipa grengiolensis blüht. Das Tal bietet neben seinen charaktervollen Dörfern viel landschaftliche Schönheit: Die schnell dahinfliessende Rotten, die grandiose Natur in der Weite des Hochtals, das Muster der kleinen Äcker und nicht zuletzt der rote Faden in der Landschaft, die Furka-Oberalp-Bahn, die alle Dörfer des Goms verbindet.

 Das noch!

RAFTING AUF DEM ROTTEN

Nicht nur neben der wilden jungen Rhone entlang pedalen, sondern sich direkt auf den Fluss wagen – das gehört einfach zum Erlebnis Goms. Charaktervoll, eiskalt und fröhlich ist der Fluss, und ebenso fröhlich ist die Fahrt in den grossen Rafts. Es spritzt, schäumt, nass werden ist angesagt, vor allem, wenn man sich mal ein bisschen zu nahe an die tief hängenden Äste der Erlenbüsche treiben lässt. Kiesbänke, Felsblöcke, Auenwald bilden den direkten Horizont und von Ferne grüssen die Dörfer und Bergkämme des Obergoms. Die 14 Kilometer lange Strecke von Oberwald nach Gluringen ist ungefährlich und auch für Kinder geeignet. Dauer ca. 2 Stunden 30 Minuten. Erwachsene Fr. 75.–, Kinder (8–16) Fr. 60.–.
AUSKUNFT: Garbely Adventure, Postfach, 3988 Ulrichen, Tel. 0878 800 832, www.garbely-adventure.ch.

San Carlo / Val Bavona TI

29

IM SCHATTEN DES BASODINO

Blaue, grüne, fast schwarze Bergseen, milchig weisses Schmelzwasser in Staubecken, bläulich-schwarz glänzende Wände, aufeinander getürmte Felsmassive aus Schiefer und Gneis, Gletscher und Schneefelder bilden den grandiosen Hintergrund dieser Gebirgswanderung hoch über dem Val Bavona. Zwischen Cristallina und Basodino liegt Robiei auf 2000 m ü.M, der Ausgangspunkt zur eindrücklichen Seenwanderung.

KULTUR

ABENTEUER

FAMILIE

JAHRESZEIT

San Carlo / Val Bavona TI

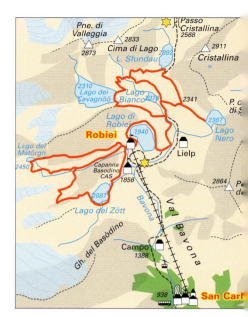

Die Anreise durchs Vallemaggia und Val Bavona ist eine allmähliche Annäherung an das, was einem oben auf Basodino erwartet. Durchs anfänglich freundlich-grüne und fruchtbare Vallemaggia mit seinem südalpinen Charme erreicht man das felsigere, kargere Val Bavona. Die Häuser im engen Tal, das von hohen Felswänden begrenzt wird, sind aus dem gleichen Stein wie der Untergrund und oft verschmelzen Fels und Haus zu einer Einheit. Heute wohnen mehrheitlich Ferienleute in den Weilern des Val Bavona. Zu abgeschieden war das Tal, zu lang und hart die Winter, um hier zu überleben. Einen gewissen Wohlstand und Arbeitsplätze haben jedoch die Maggia-Kraftwerke gebracht, die an der Oberfläche wenig in Erscheinung treten, aber überall im Vallemaggia, von Robiei bis nach Verbano am Lago Maggiore präsent sind.

Lago Robiei

SERVICE

ANREISE: SBB bis Locarno (KB 630), Bus von Locarno nach Bignasco (KB 630.60), Postauto Bignasco – S. Carlo (KB 630.70), Luftseilbahn S.Carlo – Robiei (KB 2627).

WANDERROUTEN: Robiei – Lago dello Zött 30 Minuten; Robiei – Lago dei Matörgn – Robiei 3 Stunden; Robiei – Lago Bianco – Lago dei Cavagnöö 3 Stunden; Robiei – Lago Bianco – Lago Nero – Lago Sfandau – Robiei 4 Stunden.

WEITERWANDERN: Ein absoluter Klassiker ist die Wanderung von Robiei über den Passo di Cristallina nach Ossasco im Val Bedretto (5 Stunden).

KARTE: Landeskarte der Schweiz 1:25 000, Blatt 1271 «Basodino», oder Wanderkarte 1:50 000 «Valle Maggia», Kümmerly+Frey.

SAISON: Juni bis Oktober.

VERPFLEGUNG: Restaurants in San Carlo, SAC-Hütte Basodino, Albergo Robiei (sehr gute regionale Küche, Kantine der Kraftwerksarbeiter und Hotel mit komfortablen und sehr günstigen Zimmern im Stil der Sechzigerjahre. Tel. 091 756 50 20, www.robiei.ch

AUSKUNFT: Ente turistico di Vallemaggia, 6673 Maggia, Tel. 091 753 18 85, www.vallemaggia.ch

TIPP: Die Seilbahn S.Carlo – Robiei ist Rollstuhl gängig, das Restaurant im Albergo Robiei ebenfalls und die Wege zum Lago Robiei und zum Lago Zött sind geteert.

Val Calneggia

Wasserfall Foroglio

DIE FAHRSTRASSE NACH San Carlo und die Seilbahn von San Carlo nach Robiei, 1972 eingeweiht, gehören den Maggiakraftwerken. Die grosse Kabine der Seilbahn ist in erster Linie Zubringer zur Zentrale Robiei und erst in zweiter Linie Touristenbahn. Aber sie wird von Touristen natürlich gerne genutzt, denn müheloser kann der Höhenunterschied von 870 m nicht überwunden werden. Hoch über den nass-glänzenden, braunschwarzen Felsen der Bavonaschlucht, durch die nur noch ein müdes Bächlein tropft, gleitet die Gondel dem imposanten Gletscherfeld am Basodino entgegen. Sieben Seen, zum Teil künstlich, zum Teil natürlich, sind in wenigen Wanderstunden von der Bergstation Robiei aus erreichbar. Der erste ist der Lago Robiei, ein Ausgleichsbecken mit 6 580 000 Kubikmeter Inhalt und einer begehbaren, 68 m hohen Gewichtsmauer. Hierhin fliesst durch Stollen

Was noch?

San Carlo / Val Bavona TI

Wasser aus dem Bedrettotal und dem Wallis. In nur 30 Minuten ist der Lago Zött erreicht, in einem steilen Trichter direkt am Abfluss des Basodinogletschers, dessen Schneefelder gegen den blauen Himmel glitzern. Sonderbar ist die tiefgrüne Farbe, die sich im Ufergestein fortsetzt. Eine Bergwanderung führt vom Lago Zött durch die raue Granit- und Gneiswelt am Fuss von Basodino und Pizzo Fiorina zum Lago Matörgn, ein tiefblauer, natürlicher See, bekannt für seinen Fischreichtum. Hier oben auf 2450 m ü.M. sind im Juli und August nicht nur Murmeltiere, sondern auch Kühe anzutreffen.

VOM LAGO ROBIEI RICHTUNG Norden gibt es vier Seen zu entdecken. Ein bequemes Strässchen führt am Lago Bianco vorbei zum Lago dei Cavagnöö. Der Lago Bianco, ein kleiner natürlicher See, verdankt seinen Namen der milchig-weissen Farbe seines Wassers. Aufgelöster Kalk, Tonerde vom Cavagnoli-Gletscher und ausgeschwemmter Marmorstaub trüben das Wasser. Einige Nummern grösser und sehr viel blauer ist der Speicherstausee Cavargnöö am Fuss des Cavagnoli-Gletschers. Über die 320 Meter lange Krone, von der man einen schönen Blick über den See und

seine unzugänglichen Steilufer hat, erreicht man den steilen Weg hinüber zum Lago Sfandau, auf 2390 m ü.M. Der Sfandau, auf dessen stahlgrauer Oberfläche selbst im Juli noch Eisschollen schwimmen, war ursprünglich ein natürlicher Bergsee mit einem unterirdischen Abfluss. Dieser wurde abgedichtet, das Wasserniveau um 27 Meter erhöht und damit ein weiterer Speichersee gewonnen. Nun bleibt noch der letzte See, der Lago Nero. Ein schmaler Bergweg, der Trittsicherheit erfordert, traversiert den steilen Osthang der Cima delle Donne und führt zur Kanzel, in der, von drei Seiten steil begrenzt der «schwarze See» liegt. Die eigentümlich dunkle Farbe stammt von Hornblende, einem grün-schwarzen Silikatgestein. Der Blick hinüber zum Basodino ist grossartig, und während des ganzen Rückweges hat man nun dieses Panorama im Blickfeld. Wobei es sich lohnen würde, den Blick zu senken. Geologisch ist das Robiei-Gebiet fantastisch reichhaltig. Glimmerschiefer, Marmor, granatführender Kalkschiefer und Leventinagneis und bunte Mineralien beweisen, dass Stein nicht einfach Stein ist und Grau keineswegs die dominierende Farbe sein muss.

 Das noch!

BADEN IN DER MAGGIA

Die Bergseen auf 2000 m ü.M. rund um Robiei wären auch im heissesten Sommer für ein Bad zu kalt. Anders sieht es weiter unten im Tal aus, wo nicht nur die Wasser-, sondern auch die Lufttemperaturen angenehm sind. Überall an der Maggia gibt es Kiesbänke, vom Wasser rund geschliffene Steinblöcke, glasklare Becken wie unter der Brücke von Aurigeno oder Sandstrände wie bei Avegno. Zwischen Lodano und Someo

und im unteren Lavizarratal finden Romantiker ruhige, idyllische Plätze, während Abenteuerlustige eher den Wasserfall bei Maggia oder den «Puz Bèl» bei Cavergno auswählen. Strikt verboten ist das Baden jedoch in der Schlucht von Ponte Brolla.
AUSKUNFT: Ente turistico di Vallemaggia, 6673 Maggia, Tel. 091 753 18 85, www.vallemaggia.ch

Piotta TI — 30

FAHRSTUHL ZUM HIMMEL

Auf der Fahrt von Airolo nach Piotta fällt auf der linken Talseite eine Schneise auf, die durch Wald und Wiese eine helle Linie in den Berg schneidet. Wer genau hinschaut, entdeckt vielleicht ein Kästchen, das sich mit grosser Geschwindigkeit auf dieser Linie bewegt: die Ritom-Standseilbahn. Einsteigen lohnt, die «Bergkatze» ist der Zubringer zum wunderschönen Val Piora.

KULTUR

FAMILIE

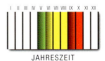
JAHRESZEIT

Piotta TI

Ein bisschen ist es wie auf der Chilbi, eigentlich möchte man auf die Achterbahn, aber im Magen kräuselt es so eigenartig. Nur – jetzt steht man nicht vor einer Vergnügungsbahn, sondern in der Talstation der Ritom-Standseilbahn, will hoch zum Val Piora und blickt mit gemischten Gefühlen das wahnsinnig steile Trassee hinauf. Mut gefasst – ein Lift hat ja noch mehr Steigung als 87,7 Prozent. Und auf den kleinen blauroten Wagen steht ja auch ganz vertrauenserweckend «FFS» – die kleine Bahn gehört zur grossen Familie der Schweizerischen Bundesbahnen.

DIE LEICHTE NEIGUNG des Fussbodens irritiert, sich festhalten ist angesagt, und unter allgemeinem Gequietsche einer aufgeregten Schulklasse geht es direttissima in den Himmel. Die Ritom-Bahn war 1921 als Zubringer für den Bau des Ritom-Stausees

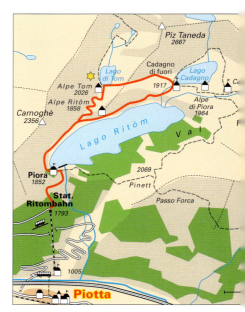

Seenlandschaft im Gotthardgebiet

SERVICE

ANREISE: Mit der Bahn bis Airolo (KB 600)m, von Airolo Postauto bis Piotta (KB 625.09). Standseilbahn Piotta-Piora (KB 2603), Betriebszeiten Mai bis Oktober. Ab allen Bahnhöfen in der Schweiz können Fahrkarten gekauft werden, die die Postauto- und Bergbahnfahrt mit einschliessen. Halbtax-Abo und Juniorkarte gelten.
WANDERROUTE: Bergstation Seilbahn – Lago Ritom – Lago Cadagno – Lago Tom – Lago Ritom und Bergstation der Seilbahn; Dauer 3 Stunden.
WEITERWANDERN: Vom Lago Ritom aus gibt es verschiedene lohnende Passwanderungen. Zum Beispiel via Passo d'Uomo zum Lukmanier (3 Stunden 45 Minuten) oder über den Passo delle Colombe zur Alpe Casaccia an der Lukmanierstrasse.
VERPFLEGUNG: Berggasthaus direkt an der Staumauer Ritom und Berggasthaus am Lago Cadagno. Hier gibt es hervorragenden Bergkäse.
AUSKUNFT: Leventina Turismo, via Stazione, 6780 Airolo, Tel. 091 869 15 33. www.leventinanet.ch

Wasserfall Sta. Petronilla

gebaut worden. Heute ist sie eine beliebte Touristenattraktion und eine der steilsten Seilbahnen der Welt. In nur 12 Minuten ist der Höhenunterschied von 786 m zwischen der von Verkehrslärm erfüllten Leventina und dem stillen Val Piora überwunden. In entgegengesetzter Richtung tosen durch eine gewaltige Druckleitung die Wassermassen des Fossbaches, die im Kraftwerk Ritom Turbinen und Generatoren antreiben. 155 Millionen Kilowattstunden Jahresleistung werden erzeugt; sie versorgen die Gotthardlinie mit Strom.
VON DER BERGSTATION ist es ein kurzer Spaziergang zum Fusse der Staumauer und zum Strässchen, das am Nordufer des Lago Ritom entlang zur nächsten Höhenstufe führt. Die sich sanft neigenden Bergflanken des südlichen Ufers sind mit Laub- und Lärchenwald bedeckt. Am nördlichen Ufer ziehen sich Weiden und Wiesen bis zum felsigen Grat des Camoghe hoch. In den Wiesen blühen Feuerlilien und Para-

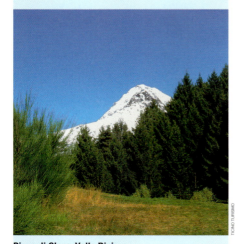

Pizzo di Claro, Valle Riviera

Was noch?

Piotta TI

dieslilien und auf eingezäunten Weiden grasen Pferde und Kühe friedlich nebeneinander. Das flache, ausgedehnte Val Piora, eine eiszeitliche Gletschermulde, ist die grösste Alp des Tessins und Landsschaftschutzzone. Immer wieder bleibt man stehen, nimmt die Landschaft in sich auf. Quer über die schimmernde Wasserfläche des Lago Ritom grüssen die Gipfel und Grate der rechten Talseite der Leventina, die Poncione di Vespero, Sasso della Boggia, Pizzo Sassetto. Im See spiegeln sich Himmel, Wolken, dunkler Wald und grüne Wiesen.

NACH KURZEM ANSTIEG ist die Alp Piora und der an seinen Rändern etwas sumpfige Lago Cadagno erreicht. Alphütten, ein paar Ställe und ein sehr einladendes Berggasthaus stehen dicht zusammen zwischen See und Geländekuppe, die die obere von der unteren Alp trennt. Vom See her duftete es nach Grillfeuern und Cervelats und Kuhglocken bimmeln beschwingend. Dieser Klang begleitet den weiteren Weg über Bergweiden und steppenähnliche Grasflächen, auf denen Schwefelanemonen, Männertreu, Enzian und Alpenrosen blühen, zum Lago Tom in einer Mulde auf 2021 m ü.M. Jetzt ist die Landschaft hochalpin karg. Ocker, Braun, Gelb und dunkles Grau sind die dominierenden Farben. Die Welt in der Leventina, nur 1000 Höhenmeter und 3 Stunden Wanderzeit entfernt, ist sehr weit weg. Nichts vom Betrieb und Verkehrslärm dringt in diese grossartige Bergwelt.

 Das noch!

DAS ALTE ZOLLHAUS BEI DER SCHLUCHT

Nur wenige Kilometer talabwärts von Piotta verengt sich bei Rodi die obere Leventina zur engen Schlucht von Piottino. Hier verschwinden Bahn, Autobahn und Kantonsstrasse und selbst der Ticino in Fels und Beton. Während Jahrhunderten war die Schlucht eine der schwierigsten Passagen auf der Transitstrecke zum Gotthard. Das teure Strassenstück wurde mit einem Zoll finanziert, der im Dazio Grande am Nordeingang der Schlucht erhoben wurde. Im Rahmen der Neuerschliessung alter Transitwege wurden sowohl die Strasse durch die Schlucht wie das Dazio Grande restauriert und zugänglich gemacht. Die Wanderung durch die Schlucht und der Besuch des Kulturzentrums und Restaurants (mit Hotel) Dazio Grande lässt Geschichte und Landschaft neu entdecken.

AUSKUNFT: Dazio Grande, 6772 Rodi-Fiesso, Tel. 091 874 60 60.

Piottinoschlucht

Biasca – Bellinzona TI
31

AUF DEM TICINO NACH SÜDEN

«Riviera» oder «Korridor zum Süden» wird der Abschnitt des Tessintals zwischen Biasca und Bellinzona genannt. Denn hier verbreitert sich das Tal, verliert die Leventina etwas von ihrer Düsterkeit und der Ticino etwas von seiner Wildheit, ist aber noch nicht so zahm wie in der Magadino-Ebene. Dieser Abschnitt des Ticino ist die ideale Strecke für ein südalpines Wasserabenteuer.

KULTUR

ABENTEUER

FAMILIE

JAHRESZEIT

Biasca – Bellinzona TI

Noch bläst ein etwas rauer Nordwind aus der Leventina und aus dem Bleniotal durch die Riviera, doch darunter mischen sich schon recht südliche Töne. Biasca, Osogno, Cresciano, Moleno, Claro heissen die Dörfer entlang des Ticino, der bei Castione Zufluss aus der Moesa erhält. Prägten in der Leventina kleine Dörfer auf hoch gelegenen Sonnenterrassen, noch fast nordisch kühl wirkende Talorte und die eng zusammengepressten Verkehrswege – Eisenbahn, Autobahn, Kantonsstrasse – die Landschaft, so sind es in der Riviera keine Sandstrände, wie der Namen vermuten liesse. Kastanien, Nussbäume, Feigen und Trauben wachsen in den Gärten, Maisfelder und Kuhweiden wechseln ab. In der Vorhalle des Tessins wird das Ambiente allmählich mediterraner, das Klima sanfter. Doch nicht unbedingt romantischer: Industriebauten,

Kloster San Carlo

SERVICE

ANREISE: Mit den SBB bis Biasca oder Bellinzona (KB 600), mit dem Postauto bis Cresciano-Paese (KB 625.09, Halt auf Verlangen). Rückreise von Arbedo.
ZEITAUFWAND: Einen halben Tag.
ANFORDERUNGEN: Für Kinder ab 7 Jahren in Begleitung Erwachsener geeignet. Die Ausrüstung inkl. Schwimmwesten wird vom Veranstalter Eurotrek gestellt.
JAHRESZEIT: Anfang Mai bis Anfang Oktober.
AUSKUNFT BOOTSFAHRT: Diese Bootsfahrt ist im Angebot von Eurotrek, Vulkanstrasse 116, 8048 Zürich, Tel. 01 434 33 66, www.eurotrek.ch.
AUSKUNFT REGION: Ente Turistico di Bellinzona e ditorni, Palazzo Civico, 6500 Bellinzona, Tel. 091 825 21 31, www.tourism-ticino.ch

Botta-Architektur

Granit- und Marmorsteinbrüche, Fabriken, Kiesgruben, Garagen breiten sich aus entlang von Eisenbahn und Strassennetz.
BIS BIASCA ZEIGT SICH auch der Ticino wild und unberechenbar, drängt sich durch die enge Schlucht von Piottino, tobt in seinem Flussbett über Stromschnellen. Direkt unterhalb von Biasca fordern die letzten Schnellen bei Lodrino geübte Rafter heraus, danach wandelt sich der Ticino zum Familienabenteuer-Fluss. Schnell fliesst er zwischen Granitblöcken, Sandstränden und bewachsenen Ufern dahin, schäumt da ein bisschen, schlägt dort mal eine Welle, aber nicht so, dass es gefährlich werden könnte. In weiten Kurven sucht sich der Fluss seinen Weg durch das Tal. Im Boscone di Moleno geht die Fahrt durch eine idyllische Auenlandschaft, fern von Hektik und Verkehr. Im Osten steigen steil und dunkel die Flanken des Pizzo di Claro bis auf 2727 m ü.M. Manchmal ist der Gipfel selbst im Juli noch mit Schnee bedeckt. Im Westen reichen der Poncione Rosso, Madone und Cima del Uomo nicht ganz so hoch, und doch erscheinen die Berge gewaltig, denn der Talboden liegt auf knapp 270 m ü.M. Man blickt in unzugängliche Seitentäler hinauf, über grauen Felsklippen dicht geschlossener Wald und Macchia-artige Vegetation. Ab und zu rieselt etwas Wasser über eine Felswand, aber für einen richtigen Wasserfall reicht es nur nach ausgiebigen Regenfällen.

Was noch?

Biasca – Bellinzona TI

VOM FLUSS AUS SIEHT MAN nur Grün. Strassen, Häuser, Fabriken sind hinter silbrig glänzenden Weiden verborgen. Die einzelnen Ortschaften, an denen es in schneller Fahrt vorbeigeht, lassen sich vom Wasser aus nicht unterscheiden. Ab und zu driftet ein Campanile ins Blickfeld, glänzen kurz ein Silo oder das Förderband eines Steinbruchs auf, und das Kloster Santa Maria hoch über Claro kündet die Nähe von Bellinzona. Die Ausläufer des Pizzo di Claro und der Monti di Laura zwingen dem Ticino eine erneute Kurve ab. Die Moesa gesellt sich dazu und nun taucht Bellinzona auf, strategisch ideal gelegen in der Talenge vor dem Zugang zu Gotthard, Nufenen und San Bernardino. Die Tre Castelli, die drei Burgen von Bellinzona, im 14. Jh. von den Herzögen von Mailand erbaut und von 1500 bis 1800 Sitze der eidgenössischen Landvögte aus Uri, Schwyz und Nidwalden, thronen Respekt heischend über der Altstadt. Ihre Symbolik blieb keinem Söldner, Pilger,

Bellinzona

Heerführer oder Kaufmann auf dem Weg in den Norden verborgen: Wir sind die Herren über das Tal, an uns kommt niemand vorbei, signalisierten sie mit ihren Wehrtürmen und Zinnen. Auch auf dem Fluss geht es nun nicht weiter. In Arbedo wird ausgewassert. Zwar ist die Weiterfahrt möglich, aber der Ticino so brav und zahm, dass es nicht so viel Spass macht.

 Das noch!

SCHLÖSSER UND UFER

Abwechslung ist immer spannend. Also: Nach der Ankunft in Bellinzona vom Tenü nass aufs Tenü Bike wechseln, sich auf den Sattel schwingen und gemächlich auf Nebenstrassen durch die Magadinoebene zum Lago Maggiore radeln. Der Veloweg abseits der Autostrasse führt durch Minusio, Muralto und Locarno nach Ascona, wo Gelati, Ristoranti und Lido warten. Oder auch eine Fahrt über den See, zum Beispiel zur Isola di Brissago. (Velomiete Bahnhof Bellinzona, Tel. 051 227 62 44.)

AUSKUNFT REGION: Ticino Turismo, Via Lugano 12, 6501 Bellinzona, Tel. 091 825 70 56, www.ticino-tourism.ch

Castel Grande, Bellinzona

Magadino TI

AUEN, RIED UND SCHILF

Das Mündungsgebiet von Ticino und Verzasca, die «Bolle di Magadino» ist eine der schönsten Deltalandschaften der Schweiz. Das 150 Hektaren grosse Feuchtgebiet am Kopf des Lago Maggiore konnte nach jahrelangem Kampf vor Überbauungen und Zerstörung gerettet werden. Heute sind die Bolle ein Paradies für Wasservögel, Amphibien, seltene Pflanzen und Naturliebhaber.

KULTUR

ABENTEUER

FAMILIE

JAHRESZEIT

Magadino TI

L eise kräuseln sich die Wellen. Aus dem Dunst über Ried und Schilfgürtel leuchten die Kronen der Silberweiden. Eine Sumpfschildkröte streckt neugierig ihren Kopf aus dem Wasser und vor dem Dunkel des Auenwaldes leuchtet wie ein Blitz das bunte Gefieder eines Eisvogels auf. Irgendwo quakt ein Frosch und von hell bis dumpf zirpt, schnattert, ruft und pfeift es aus dem Schilf. Mehr als 250 verschiedene Vogelarten haben in den «Bolle di Magadino», dem feuchten Paradies zwischen Magadino-Ebene und See, festen oder vorübergehenden Wohnsitz gefunden. Die Zivilisation scheint weit weg, die Lagerhallen, Treibhäuser, Strassen und wild wuchernden Industrie- und Gewerbezonen der Magadino-Ebene verborgen hinter Auenwald.

DIE EINZIGARTIGE Deltalandschaft, über Jahrtausende entstanden durch den in der

Bolle di Magadino

SERVICE

ANREISE: Mit den SBB nach Magadino (KB 631) oder Gordola (KB 630). Signalisierte Pfade (dürfen nicht verlassen werden).
WANDERROUTE: Vom Bahnhof Magadino zur Brücke, die in die Bolle und ins Schutzgebiet führt, dann dem Lehrpfad folgen. Zeitaufwand ca. 1 Stunde 30 Minuten. Von Gordola aus Fussweg entlang der Verzasca bis zum signalisierten Lehrpfad, Zeitaufwand ca. 1 Stunde. Die beiden Teile der Bolle sind nicht durch einen Fussweg verbunden.
KARTE: Landeskarte der Schweiz 1:25 000, Blatt 1313 «Bellinzona».
JAHRESZEIT: Die Bolle sind zu jeder Jahreszeit faszinierend. Sicher die interessantesten Zeiten sind aber der Frühling (Brut- und Zugvögel) und der Herbst (Zugvögel).
VERPFLEGUNG: In Magadino und Gordola. Im Naturschutzgebiet Bolle di Magadino darf kein Feuer gemacht werden.
AUSKUNFT: Fondazione Bolle di Magadino, 6573 Magadino, Tel. 091 795 31 15, www.bolledimagadino.com

Verzasca

Ebene mäandernden Ticino und die temperamentvolle Verzasca, die vor der Zähmung ständig ihren Lauf änderten und überall Geschiebe deponierten, ist heute glücklicherweise geschützt. Es war ein langer Kampf, denn Bauunternehmer, Landwirte, Jäger, Ausflügler betrachteten die Bolle als Unland, das man entweder mit Hotel- und Campinganlagen überbauen, für landwirtschaftliche Nutzung meliorieren oder in Kieslastern abtransportieren sollte. Doch 1963 wurden diese Begehrlichkeiten – teilweise – gestoppt, die Bolle in das Inventar der zu erhaltenden Landschaften von nationaler Bedeutung aufgenommen. Was Bauunternehmen nicht hinderte, weiter Kies abzubauen und Kehrichtdeponien einzurichten. 1974 schlugen die Umweltschützer Alarm: «Salviamo le Bolle» hatten sie sich auf die Flagge geschrieben. 1975 wurde die «Stiftung zum Schutze der Bolle di Magadino», getragen von Pro Natura, WWF, Bund und Kanton Tessin gegründet. Der Schutz wurde verbessert, aber die intensive Landwirtschaft in der Magadino-Ebene, der Flugplatz direkt im Einzugsgebiet der Bolle, der Ausflugsverkehr auf dem Wasser und Unverständnis für Umweltschutzmassnahmen bedrängen das empfindliche Delta nach wie vor. Was für ein wertvolles Gebiet sie vor der

Sonogno

Was noch?

Magadino TI

Skulpturenweg

Bolle di Magadino

Haustür hatten, dämmerte den lokalen Nutzern erst, als die Bolle 1984 als Sumpfgebiet von internationaler Bedeutung in das Verzeichnis des Internationalen Bundes zum Schutze der Natur aufgenommen wurde.
AUSGANGSPUNKT FÜR WANDERUNGEN durch die Bolle sind Magadino im Süden und Gordola im Norden. Die südlichen Bolle am Ticino bestehen vor allem aus Schilfgürteln, Inseln, die immer wieder überschwemmt werden, alten Flussarmen, Sandbänken, Ried- und Streuwiesen, dazwischen Silberweiden und Schwarzerlen. Entlang des begradigten Ticino wächst Sanddorn; Kletterpflanzen wie Hopfen, Clematis und Geissblatt bilden ein dichtes Blätterdach und umgestürzte Bäume verwandeln die grüne Welt am Wasser in einen Dschungel.
EINEN ANDEREN CHARAKTER haben die nördlichen Bolle. Hier bringt die schneller fliessende Verzasca Kies und Geschiebe aus den Bergen mit und gestaltet das Delta immer wieder neu. Kiesbänke prägen seinen Charakter. Eichen, Eschen, Winterlinden bilden den lockeren Auenwald. Mit etwas Glück kann man von der Beobachtungsstation aus seltene Gäste bestaunen: Bekassinen, Steinwälzer, Odinshühnchen, die in den Bolle vor der Alpentraversierung das richtige Wetter abwarten. Zwei Lehrpfade erleichtern den Zugang zu dieser Wunderwelt am Seeufer und leiten die Besucher auf sicheren Pfaden durch das Naturparadies.

 Das noch!

KUNSTWANDERN

Vom grünen Delta zum grünen Fluss: Von ihrer eigentümlichen Farbe hat die Verzasca ihren Namen, Verde acqua, grünes Wasser. Obwohl der Bau der Staumauer das Tal verändert hat, ist der «Sentierone», der klassische Wanderweg von Mergoscia nach Sonogno im oberen Verzascatal, immer noch eine grossartige Wanderung. Für eine zusätzliche Attraktion sorgt der 4,5 km lange Kunstwanderweg, der bei Lavertezzo beginnt, über die mittelalterliche Bogenbrücke «Ponte dei Salti» zum rechten Verzascaufer und dem Fluss entlang bis Brione führt. 21 internationale Künstler haben Skulpturen aus Holz, Stein, Stahl und Glas geschaffen, im Dialog mit der Landschaft, ihrer Geschichte, Kultur und Natur. Keine leichte Aufgabe, denn die Natur war im Verzascatal ein so hervorragender Steinmetz, dass man sie kaum konkurrieren kann! An- und Rückreise mit Postauto; Wanderzeit ca. 1 Stunde 30 Minuten.

AUSKUNFT: Tenero Turismo, 6598 Tenero, Tel. 091 745 16 61, www.tenero-tourism.ch

Göschenen UR

33

GRANITLAND, GLETSCHER, SEE

Für viele ist Göschenen einfach ein Ortsname auf der Autofahrt in den Süden: «Einfahrt Göschenen gesperrt» tönt es regelmässig aus dem Verkehrssender. Der Stau am Gotthard wäre jedoch die Gelegenheit, die Ausfahrt Göschenen zu benutzen und sich auf eine Entdeckungsreise in ein raues Naturparadies zu begeben. Die Göscheneralp setzt neue Massstäbe für den sanften Tourismus.

KULTUR

ABENTEUER

FAMILIE

JAHRESZEIT

Göschenen UR

«Granitwände, unzerstörlich scheinend. Granitfelsen wie aufgebaute Pyramiden», notierte Johann Wolfgang von Goethe, als er auf seiner Schweizer Reise im Jahr 1779 durch Göschenen kam und stellte fest: «Gleichheit der Steinart. Das Ungeheure lässt keine Mannigfaltigkeit zu.» Es ist eine gewaltige Felslandschaft, die sich vor den Reisenden Richtung Süden aufbaut. Lotrechte Bergflanken begrenzen im Osten und im Westen das enge Tal der Reuss. Die Wälder sind zerrupft; Lawinen, Rüfenen, Wildwasser haben darin gewütet. Knapp ist die bebaubare Fläche am Ausgang des Göschener Tals. Eng aneinander gedrängt stehen die Häuser des kleinen Bergdorfs, das einst eine wichtige Transitstation auf dem Weg über den Gotthard war. Und direkt dahinter, im Süden, türmen sich die Granitmassen der Schöllenenschlucht, durch die die Reuss tobt.

Geschütztes Hochmoor Göscheneralp

SERVICE

ANREISE: Mit den SBB nach Göschenen (KB 600), mit dem Postauto auf die Göscheneralp (KB 600.45), Anmeldung für Fahrten Tel. 041 885 11 80. Die Kursfahrten werden nur durchgeführt, wenn Reservationen vorliegen. Reisende mit Pauschalkarten (GA) müssen ein Alpine Ticket (Zusatzbillett) lösen.

WANDERROUTE: Von der Postautohaltestelle beim Damm und Bergrestaurant Dammgletscher aus führen Wander- und Bergwege rund um den See. Zeitbedarf 3 Stunden. Lohnend ist bereits die Wanderung von Göschenen auf die Göscheneralp via Höhenweg am rechten Ufer der Göschener Reuss. Zeitbedarf 3 Stunden 15 Minuten, Höhenunterschied 700 m.

KARTEN: Landeskarte der Schweiz 1:25 000, Blatt 1231 «Urseren» und Blatt 1211 «Meiental».

JAHRESZEIT: Ende Juni bis Ende September.

RESTAURANT: In Göschenen, Berggasthaus Dammagletscher, Restaurant Mattli, Gwüest, SAC-Hütten.

MODELLREGION GÖSCHENEN: Auskunft Verein Modellregion Göschenen, Bruno Zwyssig, Abfrutt, 6487 Göschenen, Tel. 041 885 18 34. Hier sind auch die Broschüren «Granitland», «Zwergwuchs» «Urner Choscht» und «Moorlandschaft» erhältlich (je Fr. 8.–).

AUSKUNFT REGION: Verkehrsbüro Göschenen, 6487 Göschenen, Tel. 041 885 11 80.

TIPP: Es gibt einen speziellen Wanderführer für das Göschenertal, «Wanderfitzig» von Thomas Bachmann, erhältlich in Buchhandlungen oder bei der SAC-Auslieferungsstelle, Postfach 134, 7004 Chur (Preis Fr. 30.–).

Bergpanorama Göscheneralp

SEIT DER GANZE Verkehr bei Göschenen in die Erde abtaucht, ist es ruhiger geworden im Dorf, das einst der grösste Ort in Uri war und sich nach dem Versickern der Verkehrsströme plötzlich an den Rand gedrängt fand. Für Ackerbau und intensive Landwirtschaft ist der Boden zu karg und zu steil, für die Industrie der Weg zu den Zentren zu weit, der Raum zu eng. Doch etwas hatte Göschenen zu bieten: eine raue, wilde, herausfordernde Natur, eine Landschaft ideal für den Bergtourismus. Auf der Göscheneralp, einem Paradies für Alpinisten und Wanderer, lebten bis zum Dammbau im Jahre 1963 ganzjährig mehrere Familien, die vor der Überflutung ihres Dorfes talabwärts umgesiedelt wurden. Heute bilden der 500 m lange Erddamm, der Stausee und die mächtige Kulisse von Granitmassiven und Gletschern einen beeindruckenden Alpenzirkus und ein äusserst attraktives Ausflugsziel. Die Strasse, für den Bau des Stausees befestigt, zog immer mehr Privatverkehr an; an schönen Tagen versank das Göschenertal fast in Abgaswolken. Schnell ein Abstecher in die Höhe, ein Kaffee im Hotel beim See, dann wieder runter. Die Ruhe im Tal war weg, die raue Idylle versank unter parkierenden Autos. Landschaft wurde bloss konsumiert, ohne Einbezug, ohne Kontakt mit der einheimischen Bevölkerung.

Was noch?

Göschenen UR

EINE ARBEITSGRUPPE mit dem Gemeinderat von Göschenen, SAC, Mountain Wilderness Kraftwerk Göschenen und Korporation Uri beschloss, diese Situation zu ändern. Zwischen 1998 und 2000 wurden im Projekt «Modellregion Göschenen. Eine Zukunft für Mensch und Berg» ein umweltfreundliches Rufbussystem Göschenen – Göscheneralp eingeführt, beim Staudamm ein Bauernladen zur Direktvermarktung von einheimischen Produkten und zur Förderung des Kontaktes zwischen Gästen und Einheimischen eingerichtet, eine umweltbewusste Bewirtschaftung der SAC-Hütten der Region erreicht und ein breites Angebot von Informationen und Lehrpfaden geschaffen. Auch wenn die «Modellregion» bei etlichen Göschenern und Göscheneräplern auf herbe Kritik stiess, lassen sich die Resultate sehen. Und es wurde eine Grundsatzdiskussion über das Wie und Wohin der Tourismusentwicklung in einer Alpenregion ausgelöst.

DIE MOORLANDSCHAFT GÖSCHENERALP, eine einzigartige Moorlandschaft auf 1900 m ü.M. am Fusse des Dammagletschers, wird ebenso in einer speziellen Broschüre beschrieben wie das Granitland Göschenen, die Fauna und die Urner Küche. Ein Projekt, das direkt aus der «Modellregion Göschenen» entstanden ist, sind die «Wasserwelten Göschenen». Ein Erlebnis- und Lehrpfad führt entlang der Göschener Reuss, ein Besucher- und Informationszentrum «Fluvarium Göschenen» ist im Entstehen und auf geführten Wanderungen und Exkursionen werden einem Naturthemen nahe gebracht. Ein Ausflug auf die Göscheneralp, die Wanderung um den See, der Aufstieg zu einer der fünf SAC-Hütten rund um Göschenen oder zum Dammagletscher bieten urtümliche Bergerlebnisse.

 Das noch!

HÜTTEN-TOUREN

Von Göschenen (1111 m ü.M.) und der Göscheneralp (1797 m ü.M.) aus sind 5 SAC-Hütten erreichbar. Im Rahmen der Modellregion Göschenen wurden die Tarife der Hütten vereinheitlicht und ein Treue-Bonussystem eingeführt.
Auf 2438 m ü.M. liegt die Dammahütte, in 3 Stunden vom Staudamm erreichbar und mit fantastischem Blick auf den Dammagletscher. Direkt über dem Stausee thront die Bergseehütte auf 2370 m ü.M., der eher steile Aufstieg vom See braucht 2 Stunden. Mitten in Fels und Eis liegt die Chelenalphütte, 2350 m ü.M., vom Staudamm aus 3 Stunden 30 Minuten. Um die Voralphütte (2126 m ü.M.) zu erreichen, nimmt man das Postauto bis zur Station Voralp und wandert

Talmuseum in Andermatt

2 Stunden und 30 Minuten über Alpen und Geröllhalden. Startpunkt für die Salbihütte (2105 m ü.M.) ist Göschenen, die Marschzeit beträgt 2 Stunden 45 Minuten, meist durch Tannen- und alpinen Jungwald.

Engelberg – Melchsee-Frutt 34

BERGSEE-QUARTETT

Ein perfektes Quartett bilden die vier Bergseen Trübsee, Engstlensee, Tannensee und Melchsee in der Westflanke des Titlis. Die Höhenwanderung von See zu See, erleichtert durch Bergbahnen und garniert von prachtvollem Alpenpanorama, führt durch drei Kantone und über einen einst von Pilgern und Bildungsreisenden auf dem Weg zum Kloster Engelberg viel begangenen Pass.

KULTUR

FAMILIE

JAHRESZEIT

ABENTEUER

Engelberg – Melchsee-Frutt

Als im Jahre 1120 Benediktinermönche das Hochtal von Engelberg für die Gründung eines neuen Klosters bestimmten, waren es wahrscheinlich die Abgeschiedenheit hinter dem engen Tal der Aa, die Grösse der Landschaft und die Weite des Berghimmels, die sie zu ihrer Wahl veranlassten. Die gleichen Landschaftsattribute lockten in den darauffolgenden Jahrhunderten immer mehr Touristen in das zum Kurort gereifte Klosterdorf. Die Landschaft ist immer noch weit, der Himmel gross und der Titlis zwar nicht mehr der höchste Berg der Schweiz, wie früher angenommen, aber mit seinen 3238 m immer noch beachtlich. Doch die Einsamkeit ist unter Überbauungen begraben. 27 Seiten umfasst das Unterkunftsverzeichnis von Engelberg, Parkplätze beanspruchen mehr Raum als das Klosterquartier und Bahnen streben in alle Himmelsrichtungen in die Höhe.

Blick auf Engelberg

SERVICE

ANREISE: Mit der LSE von Luzern nach Engelberg (KB 480), mit der Gondelbahn nach Trübsee (KB 2535), evtl. von Trübsee auf den Jochpass (KB 2537). Für die Rückfahrt Gondelbahn Melchsee-Frutt – Stöckalp (KB 2525).
WANDERROUTE: Engelberg (1000 m ü.M.) – Gerschnialp (1262 m ü.M.) – Trübsee (1796 m ü.M.) – Jochpass (2207 m ü.M.) – Engstlenalp (1850 m ü.M.) – Tannalp (1970 m ü.M.) – Melchsee Frutt (1900 m ü.M.), Gesamtwanderdauer 6 Stunden 20 Minuten. Wird die Wanderstrecke durch die Benützung von Bergbahnen bis zum Jochpass abgekürzt, beträgt die reine Wanderzeit noch 3 Stunden. Die Strecke eignet sich auch für Mountainbikes.
KARTE: Landeskarten der Schweiz 1:25 000, Blatt 1191 «Engelberg» und Blatt 1210 «Innertkirchen». Wanderkarte 1:50 000 Kanton Obwalden.
JAHRESZEIT: Mitte Juni bis ca. 20. Oktober.
VERPFLEGUNG: Restaurants auf Trübsee, Bärghuis Jochpass, Hotel Engstlenalp, Berggasthaus Tannalp, Restaurants in Melchsee-Frutt.
AUSKUNFT: Tourist Center Engelberg, Klosterstrasse 3, 6390 Engelberg, Tel. 041 639 77 77, www.engelberg.ch. Oder: Tourismusbüro Kerns, 6064 Kerns, Tel. 041 660 70 70, www.melchsee-frutt.ch.

Engstlensee

Trübsee

IN DER ENGELBERG-TRÜBSEE-BAHN strebt mit, wer einen leichten Einstieg zur 4-Seen-Wanderung wünscht. Damit spart man zwei Wanderstunden bergauf und geniesst die gewonnene Zeit bei der Picknickpause am Trübsee, der ganz entgegen seinem Namen gar nicht trüb, sondern kristallklar ist und die ihn umgebenden Berge detailgetreu spiegelt. Es ist natürlich jedem frei gestellt, ob er für die nächste Etappe, den Aufstieg von der Trübsee-Terrasse (1796 m ü.M.) zum Jochpass (2207 m ü.M.) die Variante Sessellift oder die Variante Bergmarsch wählt. Da der Blick vom Jochpass in alle Himmelsrichtungen derart grandios ist, sollte man eher die schonendere Art des Reisens wählen, um beim Anblick von Titlis, Reissend Nollen und Wendenstöcke im Osten und Engelhörner, Wellhorn, Wetterhorngruppe, Lauteraarhorn im Süden nicht nach Luft schnappen zu müssen.

Was noch?

Engelberg – Melchsee-Frutt

UND WEGEN DES WUNDERBAREN Blicks über das Gental und in die Berner Oberländer Berge wählt man für den einstündigen, problemlosen Abstieg vom Jochpass zum Engstlensee den Wanderweg. Der Engstlensee, umrahmt von blumenreichen Bergmatten und zerzausten Arvengruppen, ist berühmt für seinen Fischreichtum. Hans Immer, 1893 Erbauer des Hotels Engstlenalp, hatte kanadische Seeforellen importiert und im Engstlensee ausgesetzt. Fische von 18 Kilogramm waren keine Seltenheit! Doch zum Fischen fehlen Erlaubnis und Zeit, denn noch zwei weitere Bergseen warten. In einer bequemen Stunde erreicht man von der Engstlenalp den Tannensee, der seinen Namen in einer weit zurückliegenden Epoche erhalten haben muss. Bis ins Mittelalter waren Tannalp und Melchsee-Frutt tatsächlich dicht bewaldet. Doch dann fand man an der Erzegg Eisenerz, und zur Gewinnung des begehrten Eisens brauchte man viel Holz, und so wurden die ganzen Wälder verfeuert. Heute wächst hier oben kein Baum mehr.

WIE IN EINER FLACHEN SCHALE liegt die Melchsee-Frutt zwischen Rothorn und Glogghüs auf der einen, Graustock, Rotsandnollen und Bonistock auf der anderen Seite. Wellen, Kuppen und sanfte Buckel bestimmen die Topographie dieser baumlosen Hochalp, die mit Bergblumenmatten überzogen scheint. Auf jeden Fall im Frühsommer, wenn die vielen hundert Kühe, die hier oben weiden, noch nicht alle Alpenblumen verfuttert haben! Ob der Melchsee ursprünglich wohl Milchsee hiess? Im Feriendorf Melchsee-Frutt endet die abwechslungsreiche Tour von Engelberg via Jochpass und Engstlenalp und eine Gondelbahn trägt die müden Wanderer hinunter nach Stöckalp.

 Das noch!

TITLIS ROTAIR

Wer einen Panoramablick zu bieten hat wie Engelberg mit ihrer Titlisbahn, nützt diesen Vorteil. 1992 wurde die Titlis Rotair, die Gondelbahn, die sich während der Fahrt zwischen Stand (2450 m ü.M.) und Kleintitlis (3020 m ü.M.) um 360° dreht, eingeweiht. Der Blick auf Gletscherspalten, Felsschrunde, lotrechte Wände und Schneefelder ist fantastisch. Doch die Fahrt auf den Gipfel ist nur ein Teil der Attraktion eines Titlisbesuchs. Für zusätzliche Highlights sorgen ein Fun-Lift mit Gummireifen als Schlitten, der Ice-Flyer über dem Gletscher, die 150 Meter lange Eisgrotte und der Tunnel zum Südfenster. Im Sommer finden zudem geführte Wanderungen auf den Gross-Titlis statt.

Auf dem Titlis

AUSKUNFT: Titlis Rotair, Bergbahnen Engelberg-Trübsee-Titlis AG, 6391 Engelberg, Tel. 041 639 50 50, www.titlis.ch

Weg der Schweiz

35

VON KANTON ZU KANTON

Als die Schweiz 1991 ihren 700. Geburtstag feierte, sollte die Schweizer Bevölkerung ein ganz besonderes Geschenk bekommen: einen Wanderweg rund um die Geburtsstätte der Schweiz am Vierwaldstättersee. Der 35 Kilometer lange Weg führt rund um den Urnersee und zeigt Schweizer Landschaften von ihrer schönsten Seite: See, schmucke Dörfer, bewaldete Bergflanken, schneebedeckte Gipfel.

KULTUR

ABENTEUER

FAMILIE

JAHRESZEIT

Weg der Schweiz

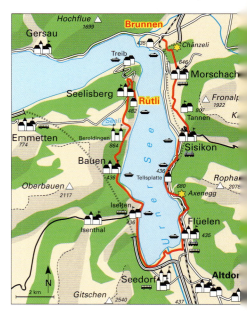

Fünf Millimeter Wegstrecke besitzt – rein symbolisch natürlich – jede Einwohnerin, jeder Einwohner der Schweiz am Ufer des Vierwaldstättersees im Herzen der Schweiz. Denn die 35 Kilometer Weg zwischen Brunnen und dem Rütli wurden auf die Schweizer Bevölkerung aufgeteilt und jeder Kanton erhielt, entsprechend seiner Einwohnerzahl, eine bestimmte Strecke. Marmorsteine zeigen jeweils an, wo die Wegstrecke eines Kantons aufhört und der nächste «Kantonsweg» beginnt.

DER SEHR GUT SIGNALISIERTE und mit Picknickplätzen, Feuerstellen und WC-Anlagen ausgestattete Weg verläuft teilweise am Ufer, über Wiesen und Wälder, auf Sonnenterrassen in der Höhe. Startpunkt dieser Tour de Suisse ist selbstverständlich das Rütli mit den Wegabschnittten der Urkantone. Es ist ein schöner Platz, diese

Blick auf Urnersee

SERVICE

ANREISE: Mit dem Schiff von Luzern zum Rütli (KB 3605).

WANDERROUTE: Der gesamte «Weg der Schweiz» wird in vier Etappen eingeteilt. 1. Etappe: Rütli – Seelisberg – Beroldingen – Bauen, Wanderzeit 2 Stunden 40 Minuten, ca. 380 m Steigung und 430 m Abstieg. 2. Etappe: Bauen – Isleten – Seedorf – Flüelen, Wanderzeit 2 Stunden 30 Minuten, keine Höhenunterschiede. 3. Etappe: Flüelen – Axenegg – Tellskapelle – Tellsplatte – Sisikon, Wanderzeit 2 Stunden, mässige Anstiege und Gefälle. 4. Etappe: Sisikon – Tannen – Morschach – Brunnen, 3 Stunden 10 Minuten, 400 m Steigung und Abstieg. Von unterwegs gibt es überall Möglichkeiten, mit dem Schiff oder dem Postauto die Reise fortzusetzen oder in den Weg einzusteigen.

KARTE: Offizielle Wanderkarte 1:25 000 «Weg der Schweiz» mit Routenverlauf, Kantonsabschnitten, Verpflegungs- und Unterkunftsmöglichkeiten, Aussichtspunkten, Fr. 9.50. Wanderbuch «Rund um den Vierwaldstättersee», Verlag Kümmerly+Frey. Führer «Der Weg der Schweiz», Wegbegleiter mit 6 Wandervorschlägen und grosser Panoramakarte (d/f/i/e), Fr. 5.–, erhältlich bei Tourist Info Uri.

JAHRESZEIT: Ganzjährig, wobei in der Vor- und Nachsaison sowie im Winter der Fahrplan der Schifffahrt und der Postautolinien eingeschränkt ist und Wegabschnitte witterungsbedingt nicht begehbar sein können.

VERPFLEGUNG/UNTERKUNFT: In allen Ortschaften unterwegs, an der Route schöne Picknickplätze und Feuerstelle.

AUSKUNFT REGION: Tourist Info Uri, Tellspielhaus, Schützengasse 11, 6460 Altdorf, Tel. 041 872 04 50, www.i-uri.ch.

Wegmarke, Weg der Schweiz

Wiese zwischen See und Seelisberg. Sie war denn auch begehrt als Baugrund. Der Märchenprinz Ludwig II. wollte, nachdem er «Wilhelm Tell» gesehen und das Rütli besucht hatte, hier ein Märchenschloss erbauen lassen und ein Innerschweizer Unternehmer hatte das touristische Potential erkannt. Damit er seinen Hotelkasten nicht auf die heilige Wiese setzte, sammelte die Schweizer Schuljugend 1859 die enorme Summe von 55 000 Franken und kaufte die Wiese.

WER SICH BEIM RÜTLI auf den Weg macht, muss sich die Urkantone verdienen, der Anstieg nach Seelisberg ist steil, aber schattig. Er folgt einem uralten Pilgerweg und belohnt mit grossartiger Aussicht. Historisch geht es weiter auf Saumpfaden, die ohne Steigung entlang der «Riviera» über dem Westufer des Urnersees nach Bauen

Was noch?

Weg der Schweiz

führen, dem ersten Etappenhalt. Hier kann, wer nicht zu Fuss weiter mag, aufs Schiff wechseln. Doch dann verpasst er die wunderschöne Strecke zwischen Bauen und Flüelen. Der Blick ist grossartig: Bristen, Clariden, das Oberalp-Massiv bauen sich über dem in Pastellfarben getauchten See und Tal auf. Durch Tunnels und Galerien führt der Felsenweg direkt am Ufer bis Seedorf. Kinder werden den Badehalt schätzen, Kulturbeflissene die Barockkirche St. Lazarus bewundern und Naturfreunde vom Pfad durch das Naturschutzgebiet Reussdelta begeistert sein. Eine Aussichtsplattform ermöglicht den Blick über die dem Delta vorgelagerten Kiesinseln und die weite Fläche des Urnersees, eingebettet zwischen Fronalpstock und Oberbauenstock, überwacht von Rigi-Hochfluh direkt im Norden.

IN FLÜELEN BEGINNT DER WEG entlang des Ostufers, mit spektakulären Abschnitten auf der alten Axenstrasse, die 1862 – 65 als Panoramastrasse und erste direkte Landverbindung am See gebaut worden war. Unverzichtbar ist der Besuch des Nationaldenkmals Tellskapelle. Die Fortsetzung des «Weges der Schweiz» bis Sisikon kann auf ebenen Uferwegen im Schatten alter Bäume zurückgelegt werden. Anders die letzte Etappe, fast 400 m Höhendifferenz liegen zwischen Sisikon und Morschach. Aber wie bei allen Bergtouren wird man auch hier für die Anstrengung reich entschädigt durch den Blick auf See und Alpen, vom Gotthardmassiv bis zum Pilatus. Im 19. Jh. fühlten sich Reiche und Vornehme aus ganz Europa von dieser einzigartigen Landschaft angezogen. Hotelpaläste aus dieser Zeit und Reststücke der Zahnradbahn von Brunnen nach Morschach, deren Trassee heute zum Teil als Wanderweg genutzt wird, erzählen noch davon. Gemütlich schlängelt sich der «Weg der Schweiz» durch den Ingenbohler Wald hinunter nach Brunnen, dem Ziel der Tour de Suisse, wo auf dem Ochsenplatz der letzte Kantonsstein, Jura, liegt.

Das noch!

SWISS HOLIDAY PARK

Wer 32 Kilometer des «Wegs der Schweiz» zurückgelegt hat und in Morschach angekommen ist, wird reif sein für einen Erholungsaufenthalt im «Swiss Holiday Park» Morschach. In sonniger Lage über dem Vierwaldstättersee offeriert das Ferienzentrum auf 180 000 Quadratmetern einen breitgefächerten Freizeit-Tummelplatz: Erlebnisbad mit Riesenrutschbahn, römisch-irische Thermen mit Solebad, Saunalandschaft, Sporthallen, Hotelzimmer im 4-Stern-Bereich, Ferienwohnungen und Gruppenunterkünfte. In sechs verschiedenen Restaurants kann man sich durch schweizerische, mediterrane und fernöstliche Küche essen, im Fitness- und Aerobiccenter oder an der Kletterwand die aufgenommenen Kalorien gleich wieder verbrennen.

Swiss Holiday Park

AUSKUNFT: Swiss Holiday Park, 6443 Morschach, Tel. 041 825 50 50, www.swiss holidaypark.ch

Vierwaldstättersee

36

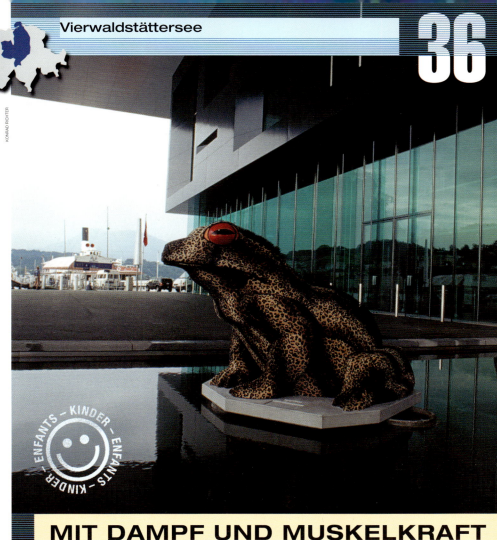

MIT DAMPF UND MUSKELKRAFT

Gemütlich auf den Wellen schaukeln. Wolken und Berge an sich vorüberziehen lassen und dem Stampfen der Dampfmaschinen lauschen. Auf dem Schiff bleiben oder selbst aktiv werden, wandern, in die Pedale treten, elegant auf Inline-Skates durch die Landschaft gleiten. So kann ein Familien-Ausflugstag am Vierwaldstättersee aussehen.

KULTUR

ABENTEUER

FAMILIE

JAHRESZEIT

Vierwaldstättersee

Es lächelt der See und ladet zum Bade. Aber nicht nur. Uferwege sind ideale Velorouten für Familien, denn in der Regel verlaufen diese Strecken ohne grosse Steigungen, und ein Bad im See ist immer wieder eine hervorragende Motivation, noch ein bisschen weiter zu trampen. «Bike & Lake» und «Skate & Lake» heissen zwei Angebote der Schifffahrtsgesellschaft des Vierwaldstättersees. Familientaugliche Routen werden vorgeschlagen, der Verlad von Bikes aufs Schiff ist inzwischen eine Selbstverständlichkeit, Kinderbikes werden sogar gratis mitgenommen.

DIE RADTOUR AM SEE beginnt in Luzern selbst. Gemütlich geht es rund um die Horwer Halbinsel via St. Niklausen, Kastanienbaum und Horw nach Hergiswil und weiter nach Stansstad und Kehrsiten-Dorf oder Kehrsiten-Bürgenstock. Unterwegs locken

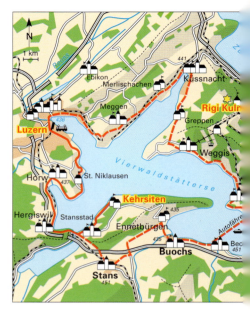

Transportiert auch Velos – Schifffahrtsgesellschaft Vierwaldstättersee

SERVICE

ANREISE: Mit der Bahn nach Luzern, der Schiffsanleger ist direkt beim Bahnhof. Fahrpläne der Schiffe: Kursbuchnummern 3600 bis 3604.

PREISE: Bike und Biker zahlen für die Strecke Luzern – Kehrsiten oder umgekehrt Fr. 11.20 (mit Halbtax-Abo) oder Fr. 16.80 ohne Halbtax-Abo. Kinder mit der Juniorkarte fahren gratis.

SAISON: Das Angebot gilt für Frühling, Sommer und Herbst.

ROUTE: Luzern – Horw – Hergiswil – Kehrsiten auf dem Land, retour nach Luzern oder als Alternative weiter nach Hertenstein mit dem Schiff. Karte erhältlich bei Vierwaldstättersee Schifffahrtsgesellschaft.

RESTAURANT: In allen Ortschaften unterwegs und auf den Schiffen.

AUSKUNFT: Schifffahrtsgesellschaft des Vierwaldstättersees, Postfach 4265, 6002 Luzern, Tel. 041 367 67 67, Info-Automat 041 367 66 66, www.lakelucerne.ch.

TIPP: Eine Spezialbroschüre informiert über fünf kinderwagengängige Wanderwege am Vierwaldstättersee, die mit Kursschiffen erreichbar sind. Die fünf neuen Schiffe verfügen über Wickelplätze und in den Schiffsrestaurants ist immer heisses Wasser erhältlich zur Zubereitung von Babynahrung.

Wanderparadies Rigi

unzählige Strandbäder, das erste schon in Tribschen, kurz nach dem Start. Lauschige Picknickplätze am See und Restaurants mit schattigen Terrassen bieten sich für Znüni-, Zmittag- oder Zvieripausen an. Über den See gleiten Segelschiffe und majestätisch durchpflügen die schönen alten Dampfschiffe der Vierwaldstätterseeflotte das tiefblaue Wasser. Seit 1837 die «Stadt Luzern» mit ihrer Jungfernfahrt die Ausflugsepoche auf dem See einweihte, hat der Schiffsverkehr stetig zugenommen. Heute bringen 20 Schiffe pro Jahr mehr als 2 Millionen Passagiere von Hafen zu Hafen und werden in jeder Hinsicht ihrem Ruf gerecht, die Raddampfer-Flotte der Alpenwelt zu sein. Denn die besondere Attraktion sind die fünf nostalgischen, perfekt renovierten und auf Hochglanz polierten Dampfschiffe mit Konstruktionsjahren um die vorletzte Jahrhundertwende.

Rigi Kulm

Was noch?

Vierwaldstättersee

Glasi Hergiswil

MAN DARF SICH ZEIT lassen beim Radeln am See, denn immer wieder fährt ein Schiff zurück. Und unterwegs gibt es so viel Sehenswertes. Weshalb nicht einen Halt einschalten bei der Glasi Hergiswil und bei der Glasherstellung zuschauen oder sich im Glaslabyrinth verirren? Bei Kindern ist der schöne Spielplatz bei der Glasi ein absoluter Trumpf. Und am Ende der Radstrecke locken die nostalgische Bürgenstock-Bahn und der Hammetschwandlift, der in der Falllinie die letzten Höhenmeter zum Bürgenstock überwindet. Von hier oben ist der Blick über den See, nach Luzern, zur gegenüberliegenden Rigi einfach grandios. Nach einem so ausgefüllten Tag überlassen sich grosse und kleine Biker dann gerne dem gemütlichen Wiegen der «DS Stadt Luzern», der «DS Schiller» oder der «MS Schwyz». Wer noch nicht genug Seeluft geschnuppert und Fahrtwind getankt hat oder noch über viel Energie verfügt, setzt die Tour fort: Von Kehrsiten-Bürgenstock transportiert das Schiff Biker und Bike hinüber nach Hertenstein, von wo die Veloroute am See entlang weiterführt über Weggis und Vitznau nach Gersau.

DIE GLEICHEN STRECKEN wie für Velofahrer eignen sich auch für Skater, denn alle Strassen sind geteert. Skater tun jedoch gut daran, für das Umsteigen vom Festland aufs Schiff und für die Bewegungsfreiheit auf dem Schiff im Rucksack ein paar normale Schuhe mitzunehmen. Ein Rucksack gehört ja ohnehin dazu: Wo sonst soll man die Badehose einpacken?

 Das noch!

ÜBER DEN SEE AUF DEN BERG

Nostalgisches Dampfschiff und nostalgische Bergbahn ergänzen sich ideal. Ein Klassiker ist die Schiffsfahrt von Luzern nach Vitznau und die «Besteigung» der Rigi in der über 100-jährigen Zahnradbahn. Nicht nur die abwechslungsreiche Fahrt auf den 1800 m hohen Gipfel der Rigi mit einer Panoramasicht über die halbe Schweiz krönt diesen Ausflug, sondern auch das Erlebnis von hervorragender Gipfelgastronomie in speziellem Rahmen. Einst stand hier oben ein Hotelpalast mit 330 Betten, kostbarstem Tafelporzellan und weissen Damastdecken für die vornehme Gesellschaft. Das «Grand Hotel Schreiber» hat einem einfacheren, redimensionierten Berghotel Platz gemacht. Aber ein Hauch von der einstigen Grandezza ist noch zu spüren im heutigen Rigi Kulm Hotel, und wenn es Zitate sind wie die Palmen in Kübeln und die Spiegel in Goldrahmen.

AUSKUNFT: Rigi Kulm Hotel, Tel. 041 855 03 03, und Rigi Tourismus, Tel. 041 397 11 28.

Stein am Rhein SH 37

IMMER MIT DEM STROM

Vom weiten Bodensee und der quirligen Stadt Konstanz her durch den Untersee und die pittoreske Rheinlandschaft, vorbei an mittelalterlichen Kleinstädten und Burgen hoch über dem Tal und unter Holzbrücken hindurch führt eine der schönsten Flussreisen Europas. Endstation ist Schaffhausen, wo der Rheinfall ein spektakuläres, aber unüberwindbares Hindernis für die Schifffahrt bildet.

Stein am Rhein SH

Viel Wasser ist den Rhein hinunter geflossen, seit der Flussabschnitt von Bodensee bis Rheinfall eine wichtige Wasserstrasse für den Lastenverkehr zwischen Bayern, Österreich und der oberrheinischen Tiefebene war. Heute werden Waren auf der Strasse oder der Schiene verschoben. Keine schweren Lastkähne verkehren mehr auf dem Hochrhein, keine Pferde stapfen auf Treidelpfaden am Ufer, um die schweren «Ledischiffe» gegen die Strömung flussaufwärts zu ziehen. Schon früh hatte man aber auch erkannt, dass der Fluss sich hervorragend für Vergnügungsreisen eignet. 1817 startete ein erster, zwar noch nicht so glücklicher Versuch, die Dampfschiff-Ära auf Bodensee und Rhein in die Gänge zu bringen. Nach einer Zwangspause von mehreren Jahren legte 1825 der erste Dampfer in Schaffhausen

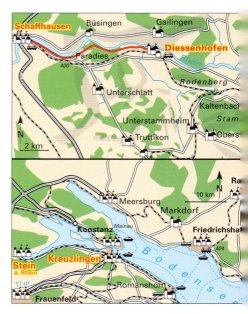

Promenade Stein am Rhein

SERVICE

ANREISE: Mit der Bahn nach Kreuzlingen (KB 820 od. 830). Mit dem Schiff von Kreuzlingen bis Schaffhausen (KB 3820).
ZEITAUFWAND: Die Fahrt von Kreuzlingen nach Schaffhausen dauert 3 Stunden 40 Minuten. Es besteht an allen Anlegern die Möglichkeit, zuzusteigen oder auszusteigen.
SAISON: Anfang April bis 1. Woche Oktober. Kreuzlingen jeweils ab: 9.05, 11.40, 14.10 und 16.10 Uhr.
VERPFLEGUNG: Restaurant auf dem Schiff und in allen Orten entlang der Strecke.
AUSKUNFT: Schweizerische Schifffahrtsgesellschaft Untersee und Rhein, 8202 Schaffhausen, Tel. 052 634 08 88, www.urh.ch

Stein am Rhein

Munot

an, und von da an ging es flussauf- und flussabwärts.
AUSFLUGSCHIFFE, SCHLAUCHBOOTE, Weidlinge bestimmen heute das fröhliche Bild des Flusses, der zu einer der grossen Freizeitattraktionen der Nordostschweiz und des angrenzenden süddeutschen Raums geworden ist. Wer kein eigenes Boot hat oder sich lieber der sicheren Hand eines Berufskapitäns anvertraut, wird die See- und Flussfahrt von Kreuzlingen bis Schaffhausen geniessen. Den Alltag einige Stunden vergessen und die abwechslungsreiche, ruhige Landschaft an sich vorüberziehen lassen ist ein hervorragendes Antistressmittel ohne Nebenwirkungen.
WER DREIEINHALB STUNDEN reinen Fahrgenuss wünscht, geht in Kreuzlingen an Bord, schnuppert noch ein bisschen Bodenseeluft, bevor es durch den Konstanzer Trichter in den Untersee geht. Gottlieben

Was noch?

Stein am Rhein SH

taucht auf, rechts die Insel Reichenau mit ihren Kirchtürmen über dem dichten Kronennetz der Obstbäume, das Fischerdorf Ermatingen, das weit in den See hinausragt. Bei Mannenbach beschliesst man zum ersten Mal, unbedingt wieder zurückzukommen und vom Dorf zum Schloss Arenenberg hochzusteigen, wo Königin Hortense und ihr Sohn, der spätere Napoleon III, viele Sommer verbrachten. Aber auch Berlingen und Steckborn warten auf Entdeckung. Hier ist es ein weisser Kirchturm, dort ein Kupferdach über rot leuchtendem Fachwerk oder ein schöner Gasthausgarten am See, die zur Wiederkehr einladen.

DANN VERENGT SICH der Untersee zu Seerhein und Rhein. Unter einer Steinbogenbrücke hindurch nähert sich das Schiff Stein am Rhein, einer der schönsten Städte am Hochrhein. Die farbenprächtigsten Fassaden und Erker verbergen sich hinter der ersten Häuserzeile am Fluss, aber das Gesamtbild ist auch so überwältigend: Eine geschlossene Stadtsilhouette in einem Rahmen von Gärten, darüber die Burg Hohenklingen. Man macht eine geistige Notiz für den baldigen Besuch. Fast zum Greifen nah scheinen nun die Ufer; die Zeit steht still. Nichts hat sich in den letzten 100, 200 Jahren verändert, könnte man vom Schiff aus denken. Niedrig spannt sich eine alte Holzbrücke über den Fluss, Strasse und Bahn sind von Baumreihen verdeckt und Diessenhofen wirkt, als sei im Laufe der Zeit nur etwas Farbe abgeblättert. In Schaffhausen wird man auf angenehme Art von der Gegenwart wieder eingeholt. Man darf noch lange vom grünen Fluss zwischen grünen Ufern und idyllischen Städtchen träumen.

 Das noch!

RHEINWANDERN

Zuerst die Landschaft vom Ufer aus entdecken, im gemütlichen Wandertempo. Dann den gleichen Weg auf dem Wasser zurücklegen, sich im Schiff von der Strömung mittragen lassen. So könnte ein ausgefüllter Sommertag aussehen. Wer von Schaffhausen nach Diessenhofen wandert, muss eine Grundsatzentscheidung treffen: rechtes oder linkes Ufer, über deutsches oder schweizerisches Gebiet? Denn zwischen Schaffhausen und Diessenhofen gibt es keinen Rheinübergang. Für das südliche Ufer sprechen, dass der gesamte Weg direkt am Rhein verläuft, das schattige Waldstück Schaaren und das ehemalige Dominikanerinnenkloster Katharinental, dessen Barockkirche einen Abstecher lohnt. Die Wanderzeit (ca. 4 Stunden) sollte so be-

Diessenhofen

rechnet sein, dass vor der Abfahrt des Schiffes in Diessenhofen noch Zeit bleibt, dieses gut erhaltene mittelalterliche Städtchen mit seiner gedeckten Holzbrücke zu besichtigen. Karte: Wanderkarte des Kantons Zürich, 1:50 000.

AUSKUNFT: www.diessenhofen.ch

Warth TG – Eglisau ZH

38

THUR-TOUR

Die Thur ist in ihrem Unterlauf der Ausflugsfluss für Einsteiger. Gemächlich fliesst er zwischen grünen Böschungen, Kies- und Sandbänken dahin, an vielen Stellen so seicht, dass man in Ufernähe fast neben dem Boot gehen könnte. Überall können Wasserratten vom Boot oder von einem lauschigen Uferplätzchen aus schwimmen gehen, es gibt Feuerstellen und ruhige Buchten für Sonnenbad und Picknickplausch.

KULTUR

ABENTEUER

FAMILIE

JAHRESZEIT

Warth TG – Eglisau ZH

An schönen Sommertagen könnte man fast übers Wasser wandeln, so dicht ist der Ausflugsverkehr. Kanus, Gummiboote, Schlauchboote, Luftmatratzen, Gummireifen, aufblasbare Krokodile. Am Ufer steigen Rauchzeichen von unzähligen Feuerchen auf, es riecht nach Sonnencreme und Gegrilltem. Die Thur gibt sich als das zahmste Wässerchen, das nie und nimmer Freizeitfreuden und Badespass trüben könnte. An schönen Sommertagen sieht man ihr die Herkunft aus dem Säntisgebiet und dem Toggenburg allerdings nicht an und ahnt nicht, dass dieser Freizeitfluss bedrohliche Hochwasser führen kann.

ES WAREN DIE VERHEERENDEN Überschwemmungen im 19. Jh., die zur ersten grossen Thurkorrektion führten. Dämme, Kanäle und ein vertieftes Flussbett sollten den nach heftigen Regenfällen im Bergge-

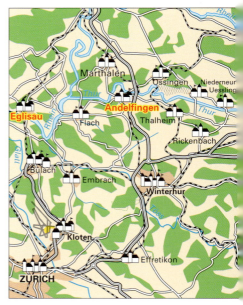

Eglisau

SERVICE

ANREISE: Mit der Bahn nach Frauenfeld (KB 840), Postauto nach Warth (KB840.25 u. 840.28), Rückfahrt ab Eglisau via Winterthur (KB 760 u. 840). Hier ist die Anfahrt mit dem Auto vorzuziehen, am besten ist es, wenn sich zwei Familien mit zwei Autos zusammentun, ein Auto bei der Brücke Warth und das andere in Eglisau abstellen, um den Rückweg zu verkürzen. Einfacher ist die Einbootung in Andelfingen, Bahnhof in Nähe der Einbootstelle (KB 762, dann Rückfahrt von Eglisau via Schaffhausen, KB 760).
STRECKE: Frauenfeld bis Eglisau 38 Flusskilometer, Zeitbedarf ca. 7 Stunden. Mit jüngeren Kindern nur die Strecke Frauenfeld – Andelfingen (18½ km) oder Andelfingen – Eglisau (18½ km) befahren.
KARTE: Wanderkarte Kanton Zürich 1:50000.
VERPFLEGUNG: Picknickplätze unterwegs, Restaurants in Andelfingen, Tössegg, Eglisau.
AUSKUNFT REGION: Thurgau Tourismus, 8580 Amriswil, Tel. 071 411 81 81, www.thurgau-touristinfo.ch, und Winterthur Tourismus, 8400 Winterthur, Tel. 052 267 67 00, www.stadt-winterthur.ch
EXTRATOUR: Den Tag auf dem Fluss geniessen ohne sich mit Boottransport abmühen zu müssen – das ermöglicht der Kanuplausch Thur/Rhein von Eurotrek. Boot, Ausrüstung, Instruktion und Kleidertransport sind im Preis des vergnüglichen Wasserabenteuers inbegriffen.
AUSKUNFT: Eurotrek, Tel. 01 434 33 66, www.eurotrek.ch.

Riverrafting auf der Thur

biet bis aufs Zwei- und Dreifache anschwellenden Fluss zähmen. Doch die Rechnung ging, wie bei so vielen Flusskorrekturen, nicht ganz auf. Der Fluss erzwang sich immer wieder Wege aus seinem engen Korsett und 1978 hiess es wieder mal im ganzen unteren Thur-Bereich «Land unter». Inzwischen ist die Einsicht gewachsen, dass man einen solchen Fluss nicht durch Einengung zähmen kann, sondern ihm genügend Platz, auf dem er sich ausbreiten darf, zur Verfügung stellen muss. Dieses Konzept zeigte beim Hochwasser von 1999 bereits erste positive Auswirkungen, und es gibt Projekte, das Bett der kanalisierten Thur zu vertiefen und zu verbreitern. Die Dämme im direkten Uferbereich werden entfernt, der Fluss darf sich eigene Wege durch grosszügige Auenwaldareale suchen. «Zurück zur Natur» ist das Motto des ökologisch verträglichen Hochwasserschutzes, zu dem sich die fünf Thur-Kantone St. Gallen Thurgau, die beiden Appenzell und Zü-

Was noch?

Warth TG – Eglisau ZH

rich gemeinsam verpflichtet haben. Davon werden nicht nur die Bewohner der Dörfer entlang der Thur profitieren, sondern auch die Freizeitsportler.
DENN NUN GEHT ES AUF DEN FLUSS. Eingebootet wird bei der Brücke zwischen Frauenfeld und Warth. Wer die Ungeduld, aufs Wasser zu kommen, noch einen Moment zügeln kann, sollte unbedingt einen Abstecher zur ehemaligen Kartause Ittingen bei Warth, berühmt für ihre Rokoko-Dekoration, machen. Aus der kühlen Klosterkirche wechselt man auf den kühlen Fluss, der sehr gemächlich nach Westen fliesst, zuerst schnurgerade zwischen verbauten Böschungen bis Gütighausen, dann in vielen Schlaufen vorbei an den Weinbergen von Ossingen. Auf der Höhe von Andelfingen beginnt das Zürcher Weinland mit seinen Rebbergen und Fachwerkdörfern. Unter der gedeckten Holzbrücke hindurch geht es gemütlich weiter. Das flache Ufer und die vielen Kiesbänke laden zum Sonnenbaden ein.

Etwas steiler ist das Ufer im grossen Knie nach Andelfingen, dann folgt wieder eine schnurgerade Strecke durch dichten Auenwald bis zur Rheinmündung zwischen Flaach – der Name ist passend – und Ellikon am Rhein.
DAS TEMPO AUF DEM GROSSEN Fluss zieht merklich an, der Rhein ist breiter, schneller, seine dicht bewachsenen Ufer steiler. Die Weinberge von Rüdlingen ziehen vorbei, in der Tössegg herrscht grosser Badebetrieb und gut besetzte Ausflugsboote tuckern von Eglisau her flussaufwärts. Ist der Buchberg umrundet, kommen die Kirche und die Weinberge von Eglisau in Sicht und damit das Ziel der ausgedehnten Wasserwanderung. Reicht es noch für ein abschliessendes Bad in der nostalgischen alten Flussbadi? Sicher für die Familienmitglieder, die nun nicht zum Bahnhof hoch tippeln und mit dem Zug zurück nach Frauenfeld fahren müssen, um das Auto zu holen.

 Das noch!

WEIN-WANDERWEG EGLISAU

Auf der Bootsfahrt hat man bereits ein erstes Auge voll Eglisau nehmen können. Wenn das Wetter für einen Bootstrip zu kühl und die Farben im Rebberg bunt geworden sind, ist es Zeit, hierher zurückzukehren und auf dem Wein-Wanderweg seine Kenntnisse über Rebbau, Trauben und Eglisauer Weinkultur zu vertiefen. Am Steilhang östlich der Stadt werden auf 15 ha Blauburgunder, RieslingxSylvaner und Pinot gris angebaut. Daraus wird der süffige «Stadtberger Eglisau» gekeltert, den man in den schönen Gasthäusern des ehemaligen Landvogteistädtchens vor Ort geniessen kann.

Rebberge bei Eglisau

AUSKUNFT: Verkehrsverein Eglisau, Geschäftsstelle, Untergass 7, 8193 Eglisau, Tel. 01 867 36 12.

Romanshorn TG — 39

DREI-LÄNDER-KREUZFAHRT

«Schwäbisches Meer» wird der Bodensee gerne genannt, der mit 545 km² Ausdehnung und 76 Kilometer Länge der drittgrösste See Europas ist. Drei Länder teilen sich diese grosse Wasserfläche, deren Ränder bei leichtem Dunst in der Ferne verschwimmen. Viele Schiffsrouten führen um und über den See oder entlang der Ufer. Das gibt Stoff für mehr als eine Reise.

KULTUR

ABENTEUER

FAMILIE

JAHRESZEIT

Romanshorn TG

Mit den Worten «Uff disen Tag, morgens früh, ist der See an und abgeloffen, wol einer Ellen hoch» hatte 1549 der Konstanzer Chronist Christoph Schulthaiss ein merkwürdiges Ereignis am Bodensee festgehalten. Der Bodensee kennt, im Gegensatz zu allen anderen Binnenseen, Ebbe und Flut, jedoch unabhängig von Mondphasen oder Jahreszeiten. Man vermutet, dass Luftdruckschwankungen und Eigenschwingungen der Seebecken dafür verantwortlich sind. Die Schifffahrt auf dem See beeinträchtigt dieses Phänomen natürlich nicht, sondern macht sie höchstens noch interessanter.
EINE FLOTTE VON insgesamt 32 Ausflugsschiffen und drei grossen Fähren pendelt zwischen 36 Seehäfen und Österreich, Deutschland und der Schweiz hin und her. Frühstücksfahrten, kleinere und grössere

Autofähre über den Bodensee

SERVICE

ANREISE: Alle Bodensee-Häfen sind mit der Bahn erreichbar (KB 820, 840, 870, 880).

SCHIFFSFAHRPLÄNE: Unter den Kursbuchnummern 3801 – 3804, 3810, 3820, 3823, 3824, 3880 sind alle Schiffsverbindungen über den See aufgeführt.

SAISON: Die Autofähre Romanshorn – Friedrichshafen verkehrt während des ganzen Jahres im Stundentakt, die Autofähre Konstanz – Meersburg im 15-Minuten-Takt. Die Kursschiffe verkehren von Anfang April bis Mitte Oktober. Im Winter finden diverse Sonderfahrten statt.

FAHRPREISE: Mit der Bodensee-Erlebniskarte, Bodensee-Pass oder der Flotten-Saison-Card werden alle Ausflüge auf und am See noch günstiger. Tarifauskunft: Tel. 071 466 78 88. Halbtax-Abo und Juniorkarte sind gültig.

AUSKUNFT SCHIFFSVERKEHR: Schweizerische Bodensee-Schifffahrtsgesellschaft, 8590 Romanshorn, Tel. 071 466 78 88, www.bodensee-schiffe.ch

AUSKUNFT REGION: Tourismusverband Ostschweiz, Regio-Info-Center, 9001 St. Gallen, Tel. 071 227 37 37, www.ostschweiz-i.ch

Pfahlbaudorf Unteruhldingen

Rundfahrten, Lunch-, Party- oder Dessert-Liner oder Abendfahrten mit Tanz sind nur einige Spezialitäten aus dem riesigen Vergnügungsangebot zu Wasser. Wer frisch verliebt ist, fühlt sich vielleicht während der siebenstündigen Kreuzfahrt von Rorschach bis Schaffhausen im siebten Himmel. Wer andererseits auf dem direktesten Weg ein Ziel am anderen Ufer erreichen will, wählt die schwimmenden Brücken zwischen Deutschland und der Schweiz und lässt sich mitsamt Auto in 40 Minuten von Romanshorn nach Friedrichshafen schippern. **AM ATTRAKTIVSTEN** ist aber sicher das «Städtehüpfen». Denn welche Stadt, welchen Ort am Bodensee möchte man auslassen? Etwa Langenargen, die ehemalige Sommerresidenz der Württembergischen Könige? Oder die Inselstadt Lindau mit ihren verwinkelten Gassen, Fachwerkhäusern und Stadtmauern? Soll man etwa auf den Bummel an den Quaianlagen von Romanshorn oder das Flanieren durch die belebten Gassen von Konstanz verzichten? Und was ist mit den Palmen an der Promenade von Überlingen, mit den Obstgärten von Kressbronn, im Herbst eines der schönsten Ziele? Es locken das Pfahlbaudorf von Unter-

Was noch?

Romanshorn TG

uhldingen, das Schloss von Meersburg inmitten der Weinberge, die Blumeninsel Mainau, die an sich schon einen Tagesausflug wert ist. Die Bodenseeschiffe sind auch die idealen Zubringer zur Festspielstadt Bregenz, zur Zahnradbahn nach Heiden, zur Seilbahn auf den Pfänder.

SCHIFFE BRINGEN ABER nicht nur Passagiere von einem Ort zum anderen. Eine Schifffahrt ist doch bereits ein Erlebnis für sich. So vieles gibt es zu sehen: Das Ablegen im Hafen, das leichte Kräuseln der Heckwellen, Segelschiffe, die elegant vor dem Horizont kreuzen, Möwen, die kreischend nach Brocken greifen, die Kinder ihnen zuwerfen. Man darf auch einfach dasitzen und geniessen. Schaumkronen zählen. Staunen,

Veloparadies Bodensee

mit welcher Geschicklichkeit die Matrosen die Taue festzurren. Auf dem Bodensee gibt es viele Möglichkeiten, eine Schiffsreise in einen Erlebnistag zu verwandeln. Träumen ist im Fahrpreis inbegriffen. Die schöne Landschaft auch.

Das noch!

ÜBER DEN SEE IN DIE LUFT

In Friedrichshafen geht es direkt vom Wasser- zum Luftschiff. Das moderne Zeppelin-Museum liegt an der Seestrasse beim Hafen und ist für alle, die sich auch nur ein bisschen für die Luftfahrt interessieren, ein Paradies. Die Rekonstruktion des LZ 129 Hindenburg, einst Flaggschiff der Friedrichshafner Zeppelinproduktion und nach dem Brand deren Ende, ist ebenso faszinierend wie die Wanderung durch die Fluggeschichte. Im nachgebauten Zeppelin-Salon und im Speisesaal streckt man neidvoll die Beine aus. Man hatte bei den ersten Transatlantikflügen wesentlich mehr Bewegungsfreiheit als heute. Allerdings dauerten sie auch sehr viel länger. Die eher technisch

Zeppelin-Museum Friedrichshafen

orientierte Flugschiff-Ausstellung wird ergänzt durch eine Kunstgalerie mit Werken einheimischer Künstler.

AUSKUNFT: Zeppelin-Museum, Seestrasse 22, D-88045 Friedrichshafen, Tel. 0049 7541 3801-33, www.zeppelin-museum.de

Gonten AI

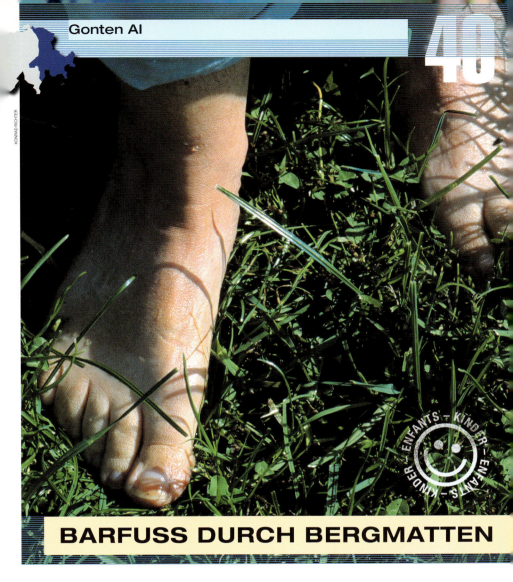

BARFUSS DURCH BERGMATTEN

Wieder einmal wie als Kind barfuss über Wiesen laufen, taunasses Gras und kühle Erde unter den nackten Fusssohlen spüren – man würde es gern tun, macht es aber nie, aus was für Gründen auch immer. Doch der grüne Wiesenteppich ist längstens ausgerollt und wartet auf alle, die ohne Strümpfe und Schuhe durchs Gontental wandern möchten. Ein tolles Erlebnis, nicht nur für die Füsse!

KULTUR

ABENTEUER

FAMILIE

JAHRESZEIT

Gonten AI

D ie Wiese sieht gut aus, das Gras dicht und weich und der Weg darin ein mehr ahnbarer als sichtbarer Trampelpfad. An den Halmen glänzen Tautropfen. Nebelschleier hängen an den Tannen über den abgeweideten Hängen und erstes Herbstlaub färbt Talmulden. Ein Tag so richtig zum Wandern. Auch zum Barfusswandern? Ein Blick links und rechts. Ob die Wanderergruppe, die sich eben nähert, wohl in den schweren Schuhen weiter geht? Man will sich ja nicht lächerlich machen. Doch dann beherzt die Schuhe über die Schulter gehängt und losmarschiert. Was solls? Und schon nach wenigen Metern weiss man: Wer hier auf diesen wunderbaren Bergmatten die Schuhe anbehält, ist selber schuld! Die Kinder sind in dieser Hinsicht am klügsten, sie laufen und hüpfen voraus – barfuss, klar – und stecken mit ihrer Fröhlichkeit an.

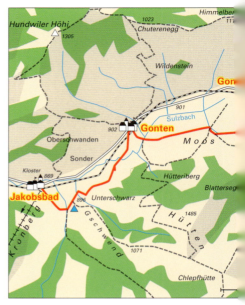

Genussvoll barfuss wandern

SERVICE

ANREISE: Mit der Appenzellerbahn von Gossau via Urnäsch nach Jakobsbad (KB 854). Rückfahrt von Gontenbad via Appenzell – Gais – Teufen nach St. Gallen (KB 855). Es gibt spezielle Rundfahrtbillette.

WANDERROUTE: Jakobsbad – Gonten – Gontenbad; Zeitaufwand ca. 2 Stunden. Am schönsten ist die Barfuss-Strecke, wenn noch Tau liegt. Also je nach Jahreszeit und Sonneneinstrahlung zwischen 9 und 11 Uhr vormittags losstapfen zum Tautreten.

WEITERWANDERN: Mit Schuhen an den Füssen von Gontenbad nach Appenzell, 2 Stunden.

KARTE: Landeskarte der Schweiz, Blatt 1095 «Gais».

VERPFLEGUNG: Restaurants in Jakobsbad, Gonten und Gontenbad (Gasthaus Bad Gonten Mittwochnachmittag und Donnerstag geschlossen). Restaurant beim Golfplatz Gonten zwischen Gonten und Gontenbad.

AUSKUNFT: Appenzellerland-Tourismus, Hauptgasse 4, 9050 Appenzell, Tel. 071 788 96 41, www.Myappenzellerland.ch

TIPP: Plastiksack für die Schuhe und Frottiertuch für die Füsse mitnehmen.

Appenzellerland, Gonten

Wegmarkierung bei Gonten

DASS IM APPENZELLER LAND, dem Mekka der Naturheilkunde, wo bis 1965 jeder Heilkünstler eine Praxis eröffnen und jeder Quacksalber seine Mittelchen verkaufen durfte, die Lehre von der Wohltätigkeit des Barfussgehens in Tat umgesetzt wurde, erstaunt nicht. Die Heimat von Kräuterpfarrer Künzle, dem Naturmediziner Dr. h.c. Alfred Vogel und rund 200 Naturärzten gründet auf der Heilkraft von guter Luft, gutem Wasser, tausend Kräutern und natürlicher Lebensweise. Nun, die Luft ist gut hier oben, Mineralwasser gibts im Gontenbad und die tausend Kräuter kitzeln die Fusssohlen. Und kommt die psychologisch wohltuende Wirkung der Landschaft noch dazu, so ist die Barfuss-Wanderung nach Gontenbad eine echte Kurempfehlung für gestresste Unterländer.

AUF RUND 1000 METER ÜBER MEER dehnt sich das Gontental zwischen Hundwiler Höhe im Norden und Kronberg im Süden aus. Die Landschaft ist typischstes Appenzell. An grünen Hängen hocken weit zerstreut Einzelhöfe auf kleinen Podesten, jeder eine souveräne Einheit für sich. Unter hohem Giebel blitzen zwei bis drei lange Fensterreihen aus der dunklen Holzwand und der Stall, fast gleich hoch wie das Haus, aber um einiges länger, zeigt, wo der Mittelpunkt des Bauernlebens liegt. Von den Wäldern, die noch im Mittelalter Berg und Tal bedeckten, sind nur Flecken geblieben. In der Talmulde die Dörfer, die Häuser wie Perlen entlang von Strasse und Bahnlinie aufgezogen, als Verbindung immer wieder die roten Wagen der Appenzellerbahn, als Merkpunkt ein Kirchturm.

VORBEI AN BAUERNHÖFEN – die Hunde sind gut erzogen, bellen, aber aus sicherer Distanz – wandert man barfuss über saftige Wiesen, Feldwege und entlang von Wiesenbächen nach Gonten. Der Wegverlauf erfordert keinen Abstecher ins Dorf, doch es wäre schade, hier keine Pause einzuplanen. Vielleicht beschleicht einen ein eigenartiges Gefühl, beobachtet zu werden, wenn man nach der Kaffeepause die Wegweiser gegenüber der «Krone» studiert. Und tatsächlich: in einem Fenster des Stallanbaus neben der «Krone» lehnt ein Senn, die kräftigen Arme vor der Brust verschränkt und genüsslich an seiner Pfeife schmauchend. Der Senn steht schon lange da. Er ist aufgemalt auf die Aussenseite eines Fensterladens, eines der raren Wächterbilder, die aus dem letzten Jahrhundert überlebt haben, auch ein Ausdruck der Appenzeller Sennenmalerei.

ÄUSSERST REIZVOLL IST die Wegstrecke von Gonten nach Gontenbad, denn sie führt auf samtigen Trampelpfaden nicht nur durch Wiesen, sondern auch durch das ehemalige Gontenmoos, wo noch bis in die Fünfzigerjahre Torf gestochen wurde. Einzelne Birken- und Erlenwäldchen, gold-

Zeigt her eure Füss...

braun gefärbte Streifen und Flecken von Pfeifengraswiesen, Tümpel, ein Hochmoorbuckel und kleine, oft schon windschiefe Torfhüttchen prägen das sanftwellige Gelände. Die ehemalige Moorlandschaft ist ein «Geschenk» des Sittergletschers, der im Talboden wasserundurchlässiges Material deponiert hatte, auf dem sich Wasser staute. Der Ortsname «Gonten» stammt vom lateinischen Wort «cumbita», wassergefüllte Vertiefung. Keine wassergefüllte Vertiefung, sondern ein mit Moorwasser gefüllter Trog erwartet die Barfusswanderer im Garten des Gasthauses Bad Gonten, eines der ältesten Mineralwasser-Heilbäder der Schweiz. Und jetzt die Füsse waschen, Socken und Schuhe anziehen – wie wohlig warm und angenehm fühlen sie sich jetzt an! Diese Wanderung ruft nach Wiederholung.

St. Gallen

41

ÜBER 18 BRÜCKEN GEHEN

St. Gallen ist eine Brückenstadt, erbaut auf einem langgezogenen Hochplateau, das auf drei Seiten vom tiefen Sittergraben begrenzt wird. Während früher die Übergänge unten am Fluss gebaut wurden, zu dem steile Zugänge führten, erforderten Eisenbahn und Autoverkehr Viadukte mit möglichst wenig Gefälle. 18 Brücken auf 7 Kilometer Distanz erzählen Bau- und Brückengeschichte.

St. Gallen

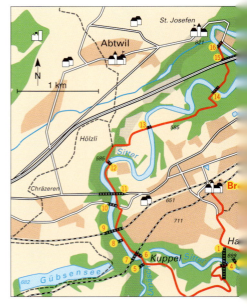

Bruggen heisst das westlichste Quartier von St. Gallen, um welches die Sitter in einem tiefen Tobel einen Bogen schlägt. Sie kommt von Südosten, vereint sich mit dem Wattbach, dreht nach Westen, erhält Zufluss von der Urnäsch und verschwindet dann viele Haken schlagend Richtung Nordosten. 18 Brücken überspannen dieses Hindernis. Bis ins 19. Jh. überquerten Brücken und Stege auf Flussniveau die Sitter, den Wattbach, die Urnäsch; Saumpfade und Fuhrstrassen führten steil hinunter und hinauf. Baukunst und Ingenieurswissen waren gefragt, um einfachere Wege zu schaffen in die Stadt, deren Standort nicht wegen ihrer günstigen Lage, sondern wegen eines Dornbusches bestimmt worden war. Der irische Mönch Gallus soll 612, als er zwischen Bodensee und Säntis den richtigen Platz für seine Eremi-

Sitterviadukt der Bodensee-Toggenburg-Bahn

SERVICE

ANREISE: Mit der Bodensee-Toggenburg-Bahn (KB 870) oder den SBB (KB 881) nach St. Gallen-Haggen. Vom Endpunkt der Wanderung in Spisegg Autobus bis St. Gallen Bahnhof (KB 880.10 u. 12).

WANDERROUTE: Bahnstation St. Gallen-Haggen – Haggen-Schlössli – Fachwerkbrücke Haggen-Stein – Zweibruggen –Störgel/Stein AR – Kubel – entlang dem rechten Sitterufer bis Steg Billenbergweg – linkes Ufer bis Rechenwald-Brücke – rechtes Ufer bis Ganggelibrogg-Rechen – linkes Ufer bis Sitterbrücke Filtrox – Holzbrücke Spisegg. Distanz 7,5 Kilometer, Zeitbedarf 2 Stunden 15 Minuten.

KARTE: Spezialführer «St. Galler Brückenweg Haggen-Spisegg», erhältlich bei: Kant. St. Gallische Wanderwege, Säntisstr. 3, 9030 Abtwil, Tel. 071 310 03 12, www.sgwanderweg.com. Landeskarte der Schweiz 1:25 000, Blatt 2501 «St. Gallen und Umgebung».

VERPFLEGUNG: Schlössli Haggen (Mi–So geöffnet), Schäfli Störgel (Fr–So geöffnet), Bad Störgel (Mi–Mo geöffnet), Restaurant Stocken, Restaurant Schiltacker, Restaurant Spisegg.

AUSKUNFT REGION: St. Gallen-Bodensee Tourismus, Bahnhofplatz 1a, 9001 St. Gallen, Tel. 071 227 37 37, www.st-gallen-bodensee.ch.

EXTRATOUR: Wer sich für Brücken interessiert, wird unweigerlich auf die Brüder Grubenmann stossen, die als Architekten, Brückenbauer und Holzbauingenieure weit über die Ostschweiz hinaus Ruhm erlangten. Ihnen ist in Teufen ein kleines Museum gewidmet: Grubenmann-Sammlung, Dorf 7, 9053 Teufen, geöffnet Sa 14–16 Uhr, 1. So im Monat 10–12 Uhr, Führungen ausserhalb der Öffnungszeiten Tel. 071 333 20 66 od. 071 333 17 62.

Fürstenlandbrücke

tenklause suchte, hier in einen dornigen Busch gefallen sein.

IM SÜDOSTEN DER STADT, beim Haggen-Schlössli, beginnt die Wanderung zu den 18 Brücken. Hier präsentieren sich gleich 4 Brücken auf engstem Raum: die fast 100 Meter hohe Fachwerkbrücke Haggen-Stein, 1937 erbaut, eine Brücke von 1876 über den Wattbach, und zwei «Hüslibrücken», das heisst gedeckte Holzbrücken, über Wattbach und Sitter, tief unten im Tobel. Zweibruggen heisst diese Stelle passend. Ein sehr steiler Weg führt zur Steiner Seite der Haggenbrücke hinauf. Es lohnt, auf die Brücke hinauszugehen und hinunter ins Tobel zu blicken: Wie Kinderspielzeug wirken die beiden im Winkel angeordneten gedeckten Holzbrücken 100 Meter weiter unten! Der Weg verläuft nun ein Stück weit auf der Höhe. Erst beim Kubel senkt er sich zur Urnäsch, über die eine vom grossen Ostschweizer Baumeister

Was noch?

St. Gallen

Hans Ulrich Grubenmann 1780 erbaute Holzbrücke führt. Sie war sein letztes Bauwerk und ist heute eine der vier noch existierenden Grubenmannschen Holzbrücken.

AUCH BEIM ZUSAMMENFLUSS von Urnäsch und Sitter überlappen sich die Brücken: 100 Meter über den Köpfen braust die Bodensee-Toggenburg-Bahn über das 365 Meter lange Sitter-Viadukt, unten ducken sich die Grubenmannsche Hüslibrücke über die Urnäsch und eine um 1800 vom Kloster St. Gallen erbaute zweite Hüslibrücke über die Sitter. Am linken Ufer der Sitter geht die Brückentour weiter, es folgen die weniger spektakuläre Kavernenbrücke der St. Gallisch-Appenzellischen Kraftwerke AG und, hoch über der Sitter, das imposante SBB-Sitterviadukt. Die erste Eisenbahnbrücke, 1854–56 als 165 Meter lange Fachwerkbrücke erbaut, sorgte damals in ganz Europa für Aufsehen. Um der zunehmenden Belastung zu genügen, musste sie jedoch ersetzt werden und heute überspannt ein 209 Meter langes und 63 Meter hohes Steinviadukt die Sitter.

VORBEI AN DER MIT SANDSTEIN verkleideten Kräzeren-Strassenbrücke, 1807 erbaut, und der aus dem Jahre 1941 stammenden Fürstenlandbrücke, eine Bogenbrücke aus Eisenbeton mit einer Spannweite von 134 Meter, erreicht man den Fussgängersteg zum Billenbergweg, das Aquadukt-Tobel, die Rechenwaldbrücke und schliesslich die «Ganggelibrogg», eine 1882 konstruierte Hängebrücke, die wegen des leichten Schaukelns äusserst beliebt ist. Unter der Autobahnbrücke hindurch und über die Sitterbrücke der Filtrox kommt man zum Endpunkt der Wanderung, der gedeckten Spiseggbrücke von 1779. Neben den vielen Brücken ist es die grüne, wilde und sehr urtümliche Flusslandschaft in unmittelbarer Stadtnähe, die diese Wanderung zu einem beeindruckenden Erlebnis macht.

 Das noch!

BADEPLAUSCH IM SÄNTISPARK

Abtwil, von St. Gallen durch die Sitter getrennt, ist heute der Inbegriff von Freizeitspass und Badeplausch in der Ostschweiz. Quasi unter «einem Dach» befinden sich ein grosses Einkaufszentrum, das 4-Stern-Hotel Säntispark, Restaurants, ein Spielpark mit Party-Blockhaus, Spiel- und Sporthallen, ein Fitnesscenter, das Saunadorf mit Dampfgrotten, Plauderecke mit Cheminée und natürlich die Plausch- und Bäderlandschaft. Hier, im Wellenbad mit der 90-m-Wasserrutsche, Aussensprudelbecken, Hot-Whirl-Pools, Sole-Bädern und vielem mehr vergnügen sich junge und auch weniger junge Wassersportler.

Erlebnisbad Säntispark

AUSKUNFT: Freizeit- und Einkaufszentrum Säntispark, 9030 Abtwil, Tel. 071 313 15 10 (Automat) oder 071 313 15 15, www.saentispark.ch

Sargans – Kreuzlingen

42

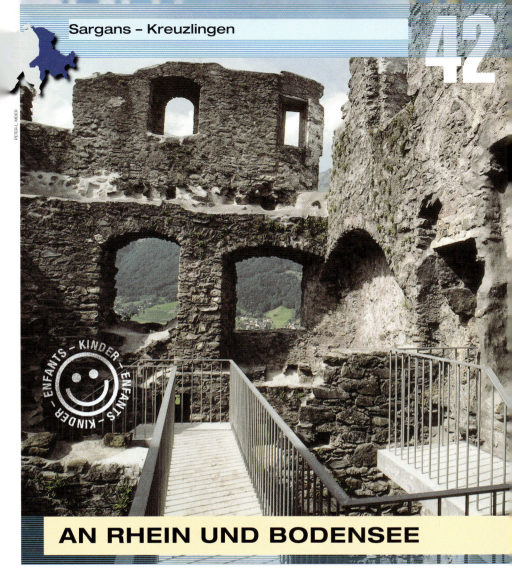

AN RHEIN UND BODENSEE

Rund 115 Kilometer Veloweg und keine Steigung, immer entlang von Wasser, durch alpine Kulisse und sanftes Hügelland – das ist eine Traumstrecke für Genussfahrer, die sich Zeit und Musse nehmen, während der Fahrt auch die Umgebung zu bewundern. Falls Sie eine solche Strecke suchen: Im St. Galler Rheintal und am Bodensee wartet sie auf Sie!

KULTUR

ABENTEUER

FAMILIE

JAHRESZEIT

Sargans – Kreuzlingen 42

B reit und gesittet fliesst der Rhein in seinem geraden Bett dem Bodensee zu. Hecken, Baumgruppen, Äcker und Felder, sich in die Ebene ausbreitende Dörfer und ab und zu ein Flecken Flachmoor füllen die Talebenen aus. Links und rechts reicht dichter Wald bis knapp unter kahle Gipfel, auf denen noch Schnee liegt. Das Bild einer friedlichen Voralpenregion. Heute. Früher sah es hier ganz anders aus. «1206, die Kirche von Lustenau zerstört», «1343, die Überschwemmung verdirbt die Ernte und verursacht Hungersnot», «1621, in Diepoldsau ist grosse Wassernot», «1768, sechs Wochen lang wälzt sich der Strom durch Widnau und die Nachbarsdörfer», «1868, Dammbrüche bei Ragaz, Sevelen und Oberriet», «1927, der Damm gegenüber Buchs birst». Damals wurden weite Gebiete von Liechtenstein überschwemmt.

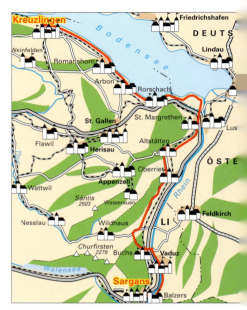

Sarganserland, Churfirsten

SERVICE

ANREISE: Mit der Bahn nach Sargans (KB 900, 880).

ROUTE: Sargans – Buchs SG – Oberriet – Altstätten – St. Margrethen – Rorschach – Arbon – Romanshorn – Münsterlingen – Kreuzlingen. Länge 115 km, aufgeteilt in mehrere Tagesetappen.

KARTEN: Velofahrer: Velokarten 1:60 000 VCS/Kümmerly+Frey, Blätter St. Gallen-Appenzell-Liechtenstein und Bodensee-Thurgau. Offizieller Routenführer Veloland Schweiz, Band 1 (Rhein-Route). Skater: Skatemaps Schweiz, 1:25 000, Blätter Heidiland, St. Galler Rheinland, Bodensee 1 + 2 plus Routenführer «Skatelines Schweiz», Band 1, Rhein, alle Werd Verlag.

VERPFLEGUNG: Überall unterwegs!

AUSKUNFT: (Unterkünfte, Spezialangebote für Gepäcktransport) Tourismusverband Ostschweiz, Regio Info-Center, Bahnhofplatz 1a, 9001 St. Gallen, Tel. 071 227 37 37, www.ostschweiz-i.ch

TIPP: Ausweispapiere nicht vergessen, bei St. Margrethen muss die Grenze überschritten werden, um ins Rheindelta zu kommen. Unterwegs Gebrauch machen von der Möglichkeit für eine Schiffsfahrt auf dem Bodensee oder eine Bergbahnfahrt.

Schlafen im Stroh

Inlineskating auf dem Rheindamm

UNBERECHENBAR WAR der Alpenrhein, und es brauchte die gemeinsame Initiative und Anstrengung von Schweiz, Österreich und Liechtenstein, den Fluss zu zähmen und die Anwohner zu schützen. Kanäle, Dämme, Stufen wurden gebaut, der Rhein in ein hohes Betonbett gezwängt, mit einem zweiten Dammsystem umgeben, die Natur in eine Kulturlandschaft verwandelt. Mit der Romantik war es vorbei, doch etwas Neues ist entstanden: eine kulturhistorisch interessante Landschaft mit neuen und alten Kanalsystemen und Wasserkraftanlagen, die in den letzten Jahren sorgfältig renoviert wurden.

DIREKT ZUM RHEINDAMM zwischen Sargans und Trübbach rollen Skater und Biker. Sie bleiben auf dem geteerten Weg, der schönes Fahren in grüner Umgebung erlaubt. Lauschige Feuerstellen und Picknickplätze bieten sich an für erste Pausen, Hecken und lockerer Wald schirmen ab gegen die parallel verlaufende Autobahn. Auf der anderen Flussseite liegt Liechtenstein und schon bald taucht Schloss Vaduz über den Bäumen auf. Angenehm ist die Weiterfahrt bis Rüthi, immer auf dem Damm, dann wieder durch Ortschaften. Werdenberg ist eine

Was noch?

Sargans – Kreuzlingen 42

eine Besichtigung wert, die Mini-Stadt mit Schloss. Eine eigenwillige Kulturlandschaft breitet sich zwischen Oberriet, Altstätten, Widnau und dem Rhein aus. Noch vor 10 000 Jahren bedeckte der Bodensee diese Ebene, die heute von einem Netz von Kanälen, Mooren und Gräben durchzogen wird. Weiher und ein Baggersee sind von Laubfröschen, Wasserfröschen und Gelbbauchunken bevölkert, und immer wieder kann man Störche auf der Pirsch beobachten. Interessantes gibt es auch im Bannriet – der Veloweg führt daran vorbei – zu sehen, denn hier darf noch Torf gestochen werden. **BEI ST. MARGRETHEN,** wo sich die Ausläufer des Appenzellerlandes ins Rheintal vorschieben, gibt es zwei Möglichkeiten zur Weiterfahrt: Entlang des Rheinkanals nach Fussach und dann durch das Naturschutzgebiet Rheindelta nach Rorschach oder den Schleifen des alten Rhein folgen. Zwischen Rheinkanal und altem Rhein ist ein wertvolles Feuchtgebiet mit Schilfwiesen, Sümpfen, Sandinseln entstanden. Dann ist der Bodensee erreicht. Ein sehenswerter Ort folgt dem andern: Rorschach, Arbon, Romanshorn, dann Kreuzlingen, vorläufig Endstation der Fahrt entlang von Rhein und Bodensee. Und nicht nur sehenswerte Orte liegen am Seeuferradweg, sondern auch schöne Strandbäder, Rastplätze, Parkanlagen – ein angenehmes Vergnügen für die ganze Familie.

Bad Pfäfers in der Taminaschlucht

Das noch!

SEALIFE KONSTANZ

Wer von Sargans bis Kreuzlingen Rhein und Bodensee gefolgt ist, hat sich mit Fluss und See schon ein bisschen angefreundet. Mit ihrem «Innenleben» kann man sich im Sealife Konstanz auf vergnügliche Art beschäftigen. In einem 30-minütigen Spaziergang gelangt der Besucher von der Gletscherkammer der Rheinquelle via Bodensee, Basler Rheinhäfen und Rotterdamer Hafen hinein ins Meer. Schiffswracks, Aquarien, Fischbecken und ein Tiefseetunnel vermitteln unterhaltsam Wissen. Nicht verpassen sollte man das im gleichen Gebäude untergebrachte Bodensee-Naturmuseum. Hier wird spannend und vielseitig die Bodenseelandschaft vorgestellt. Öffnungszeiten

Spannende Wasserwelt

Sealife und Naturmuseum: täglich 10–18 Uhr, letzter Einlass Sealife 17 Uhr.
AUSKUNFT: Sealife Konstanz, Hafenstrasse 9, D-78462 Konstanz, Tel. 0049 7531 128270, www.sealife.de.

Braunwald GL

43

VERSTECKTE SCHÖNHEIT

Viele Aussichtspunkte, Wanderziele und Naturschönheiten sind so bekannt und entsprechend überlaufen, dass eine Neuentdeckung zu einem willkommenen Geheimtipp wird. Das kleine Bergetenseeli im Pflanzenschutzgebiet am Fuss des Ortstocks gehört in diese Kategorie.

KULTUR

ABENTEUER

FAMILIE

JAHRESZEIT

Braunwald GL

Fast geräuschlos nimmt die schnittige Braunwaldbahn, der einzige Zubringer zum autofreien Dorf Braunwald hoch über Linthal, die Fahrt auf und trägt die Passagiere in schneller Fahrt auf 1250 m ü.M. Die Fortsetzung der Tour geht dann in etwas gemächlicherem Tempo vor sich – genau passend zu einem Ferienort, in dem Pferdefuhrwerke alltägliche Transportmittel sind und nicht einmal der Arzt ein Auto hat. In einem 15-minütigen Spaziergang ist die Talstation des Sesselliftes zum Gumen erreicht. Eine Bahn, die auch aus einer Zeit stammt, als Tempo nicht das oberste Gebot war: In freiem quer gestelltem Sitz schwebt man über Weiden, Ahornbäume, Ställe, Tannenwipfel, Felsbänder und Geröllhalden zur Bergstation Gumen auf 1900 m ü.M. Der Blick ist grossartig: Richtung Norden breitet sich das Linthal aus, im Osten der Freiberg

Blick auf den Ortstock und die Glarner Alpen

SERVICE

ANREISE: Bahn von Ziegelbrücke nach Linthal (KB 736), von Linthal Standseilbahn bis Braunwald (KB 2840), Sesselbahn bis Gumen (KB 2841).

WANDERROUTE: Gumen – Ortstockhaus – Alp Oberstafel – Bergetenseeli – Alp Oberstafel – Braunwald oder Bergetenseeli – Tüfels Chilchli – Rietberg – Braunwald. Zeitdauer ca. 3½ Stunden.

WEITERWANDERN: Von Tüfels Chilchli weiter zum Rietstöckli (fantastischer Blick ins Linthal, auf den Urnerboden und in die Glarner Alpen) hinüber zur Alp Friteren und von dort zur Klausenpassstrasse (Postautohalt).

VERPFLEGUNG: In Braunwald, Bergstation Gumen, Ortstockhaus.

AUSKUNFT: Braunwald Tourismus, 8784 Braunwald, Tel. 055 653 65 85, www.braunwald.ch.

EXTRATIPP: Mit jüngeren Kindern ist der Weg bis zum Bergetenseeli vielleicht zu weit, sie werden aber mit Begeisterung zu den Zwerg-Bartli-Standorten wandern. Spezialbroschüre bei Braunwald Tourismus.

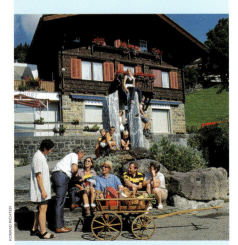

Schönes autofreies Braunwald

Die Braunwaldbahn

Kärpf, dahinter das zackige Profil von Spitzmeilen, Ruchen, Surenstock, direkt unter den Füssen die Sonnenterrasse Braunwald mit ihren Streusiedlungen, hellen Natursträsschen und gut integrierten Hotelbauten.

UM DIE JAHRHUNDERTWENDE war Braunwald eine Top-Adresse, Adlige aus Russland, Deutschland, Frankreich verbrachten ihre Sommerwochen im standesgemässen «Grand Hotel». Doch irgendwann zog die Karawane weiter, Braunwald wurde zum Geheimtipp und ist heute, dank dieser «Schonphase», die auch als Denkpause interpretiert werden kann, eines der Topziele für Familien, mit erstklassiger Infrastruktur und ohne Autos. Das einstige «Grand Hotel» hat sich, konsequent die Richtung vorgebend, denn auch von der

Was noch?

Braunwald GL

Nobelherberge für Reiche in ein sehr komfortables Hotel für Familien gewandelt.
ÜBER WEIDEN UND ALPWEGE ist bald das Ortstockhaus erreicht. Die scheinbar über dem Abgrund ragende Aussichtsterrasse lässt eine Trinkpause zwingend erscheinen. Man kann sich kaum satt sehen, nun zeigen sich auch die höchsten Glarner hinter dem Ortstock: Tödi, Clariden, Selbsanft. Und silbergrau zeichnen sich über dem Dach die Eggstöcke gegen den blauen Himmel ab. Gemächlich geht der Weg weiter über saftige Kuhweiden hinunter zur Alp Oberstafel und durch lockeren Bergwald zum tiefgrünen Bergetenseeli. Blassroter Feldenzian, die weissen Sterne der Alpenanemonen und leuchtend gelber Gemswurz sind bunte Farbtupfer zwischen mit Flechten und Moos bewachsenen Felsbrocken. Die Vegetation im Pflanzenschutzgebiet ist üppig und ein Alpenblumenbuch ein guter Begleiter. Denn pflücken darf man nichts von der Pracht.
FÜR DIE RÜCKKEHR nach Braunwald gibt es verschiedene Varianten. Der direkteste Weg führt zurück zur Alp Oberstafel und durch das Fluhband am Bräch auf sehr steilem Zickzackweg zur Alp Unterstafel. Spuren zeigen, dass dieser teilweise exponierte Weg auch von den Kühen genutzt wird. Alle Achtung! Etwas weiter und sehr lohnend ist der Weg über «Tüfels Chilchli», zwei wie Teufelshörner über die Alpweide ragende Felszähne, und die Rieter Oberstaffel zurück ins Dorf. Nur das Brummen des Brummbachs begleitet einen auf diesem letzten Abschnitt. Das Brummen des Verkehrs bleibt tief unten im Tal.

 Das noch!

WIE DIE GEMSEN

Klettersteige sind in den letzten Jahren immer beliebter geworden, denn viele wollen klettern, aber trauen sich nicht auf eigene Faust. Eine Alternative sind Klettersteige mit fest installierten Stahlseilen, Leitern, Haken und Tritten. Gut gesichert durch Klettergurt, Karabiner und Seil können auch Laien in bisher für sie verschlossene Felsregionen vordringen. Zwei Grundbedingungen gibt es auch hier: Kondition und Schwindelfreiheit. Die Klettersteige an den Eggstöcken, eine halbe Wanderstunde oberhalb der Bergstation Gumen, garantiert tolle Klettererlebnisse. Für die Klettersteige sind Helm und Klettergurt obligatorisch. Vermietung Klettersteigenset: Kessler Sport, Tel. 055 643 22 22.
AUSKUNFT: Braunwald Tourismus, Tel. 055 653 65 85, www.klettersteige.ch

Ortstockhaus, Eggstöcke

Linthal GL

GEBÄNDIGTE WASSERKRAFT

Im Tal auf grüner Wiese surren Transformatoren. Dahinter erheben sich dunkle, teilweise dicht bewaldete Steilwände und decken fast den Himmel ab: Natürliche Talsperren, die den Blick auf die mächtige Bogenstaumauer Limmernboden auf 1857 m ü.M. versperren. Nur ein Kabel verschwindet scheinbar im Nichts. Die Seilbahn, die zur Mauer und in eine wilde Bergwelt führt.

KULTUR

ABENTEUER

FAMILIE

JAHRESZEIT

Linthal GL

«Loch» nennen die Einheimischen den südlichsten Zipfel des Glarner Haupttals. Wie düstere Riesen hocken Selbsanft, Nüschenenstock, Muttenchopf über dem grünen Talboden, kesseln ihn ein. Und über ihre Schultern blicken die noch höheren Gipfel von Tödi, Clariden, Gemsfairen. Schwarze Schatten steigen an den steilen Bergflanken empor. Von hier scheint es keinen Ausweg mehr zu geben und selbst die Sonne vermeidet im Winterhalbjahr den Besuch im Tierfehd. «Wie an der Wand empor zum Himmel reicht die Erde», dichtete Karl Kraus, der im «Hotel Tödi» im Tierfehd den 1. Weltkrieg übersommerte, inspiriert von dieser gewaltigen Landschaft. «Hier ist das Ende. Die Berge stehen vor der Ewigkeit wie Wände» empfindet auch heute noch, wer von Linthal her dem Fluss entlang zum Talende wandert.

Hotel Tödi, Tierfehd

SERVICE

ANREISE: Mit der Bahn ab Bahnhof Ziegelbrücke bis Linthal (KB736). Von Linthal Fussweg bis zum Kraftwerk Linth-Limmern (1 Stunde zu Fuss).
Mit dem Auto auf der Autobahn A3 bis Ausfahrt Niederurnen, dann via Glarus und Linthal bis Tierfehd.
GEÖFFNET: Das Kraftwerk kann von Mitte Juni bis Mitte Oktober nach Voranmeldung in Gruppen von mind. 10 Personen besichtigt werden. Die Führung dauert 2 Stunden. Seilbahn Mitte Juni bis Mitte Oktober Mo–Fr: Bergfahrten 7.20, 10.30, 13.10 und 16.15 Uhr, Talfahrten 7.20, 11.10, 13.20, 16.40 Uhr. Wochenende Bergfahrten 8, 10.30, 13.30 und 16.30 Uhr, Talfahrten 8.15, 10.45, 13.45 und 16.45 Uhr.
EINTRITT: Führung gratis, Bahnfahrt Erwachsene Fr. 18.–, Kinder Fr. 9.–.
VERPFLEGUNG: Restaurants in Linthal und Hotel Tödi, Tierfehd, Tel. 055 643 16 27.
AUSKUNFT: Kraftwerke Linth-Limmern AG, Tierfehd, 8783 Linthal, Tel. 055 643 31 67.
AUSKUNFT REGION: Glarnerland Tourismus, Raststätte, 8867 Niederurnen, Tel. 055 610 21 25, www.glarusnet.ch
EXTRATIPP: Vom Hotel Tödi im Tierfehd Spaziergang zur Pantenbrugg, dem historischen Übergang über die Linthschlucht. 1997 wurden Weg und Brücken restauriert. Ca. 30 Minuten vom Hotel.

Linthal und Braunwald

Die Pantenbrücken

DIE UNNAHBARKEIT IST ES gerade, die fasziniert, und selbstverständlich gibt es Wege und Pfade durch dieses Gelände, denn Tierfehd erschliesst das beeindruckendste Wander- und Hochtourengebiet des Glarnerlandes. Hier startet, wer auf den Tödi, den Clariden will. Und so ganz unberührt ist die Hochgebirgswelt über dem Talboden nicht. Fünf SAC-Hütten stehen den Bergsteigern zur Verfügung und eine Seilbahn führt hinauf zu den Wasserkraftanlagen Limmernboden und Muttsee.

DAS QUELLGEBIET DER LINTH mit 137 Quadratkilometer Einzugsgebiet verhiess in den Wirtschaftswunderjahren zwischen 1950 und 1960 sowohl grossen Energienutzen wie willkommene Wasserzinsen, und so wurden zwischen 1957 und 1968 sukzessive Staumauern, Stollen und Zentralen gebaut. Über 100 Mio. Kubikmeter Wasser fassen der Muttsee, der Stausee Limmern-

Was noch?

Linthal GL

boden und das Ausgleichsbecken Hintersand, Stollen und Schächte transportieren pro Sekunde über 70 Kubikmeter Wasser aus der Sernf, dem Dumagel, dem Limmernbach, der Linth und dem Fätschbach zur Energiegewinnung entweder in Speicherbecken oder in die Kraftwerkszentralen. Zentrum und Hauptstufe der Kraftwerke Linth-Limmern ist das Kraftwerk Tierfehd am Ausgang von Linth- und Limmernschlucht.

In der Linthschlucht

WIE EIN ZWERG FÜHLT sich, wer vor dem mächtigen Kavernenportal steht, hinter dem Transformatoren, Peltonturbinen, Drehstromgeneratoren und mächtige Pumpen die Kraft des Wassers in elektrischen Strom verwandeln. Rund 350 Millionen kWh gehen von Tierfehd aus ins Netz. Diese «Orte der Kraft», Kavernensaal, Kommandoraum, Stromzentrale und Wasserfassung faszinieren. Und noch beeindruckender wird das Erlebnis, wenn man mit der Betriebsseilbahn hoch zur Staumauer fährt. In nur wenigen Minuten überwindet die Gondel den Höhenunterschied von 1000 Meter. Doch dann ist man noch nicht in freier Natur am Stausee, sondern muss durch den 3 Kilometer langen Zugangsstollen zur imposanten Bogenstaumauer Limmernboden wandern. Während der Bauzeit transportierte ein ausgedientes «Züritram» die Arbeiter durch den langen Tunnel, die Gleise sind noch heute erkennbar. Nach 45 Minuten Dunkelheit steht man auf fast 2000 m ü.M. in einem riesigen Bergkessel, wo Grün nur noch in kleinsten Portionen vorkommt. Grauer Fels, Schnee und das Türkisblau des Wassers dominieren. In zwei Stunden ist der Muttsee erreicht, wo sich die Muttseehütte SAC für eine längere Pause empfiehlt, bevor man den Rückweg antritt. Den Fahrplan der Bahn sollte man jedoch immer im Auge behalten. Die Alternative, der Abstieg via Baumgartenalp, ist nur geübten und trainierten Berggängern zu empfehlen.

 Das noch!

NERVENKITZEL LIMMERN

120 Meter Staumauer überwinden, frei schwebend am Seil ist eine echte Herausforderung. Und die anschliessende Wanderung durch eine weglose, unzugängliche Schlucht die zweite im Erlebnispaket «Nervenkitzel Limmern». Die beiden diplomierten Bergführer Claudia Müller und Thomas Pfenninger bieten einen Ausflug der ungewöhnlichen Art an. Wer es wagt, wird an 150 Meter Seil über die Staumauer abgeseilt (nicht Bungee-Jumping!). Vom Fusse der Mauer aus führen die beiden Profis die gut ausgerüsteten Wanderer durch die wilde und einsame Limmern-Schlucht (kein Canyoning!) in 3–4 Stunden zurück ins Tierfehd. Ein Apéro in freier Natur bildet den passenden Abschluss zu diesem Abenteuer. Preis: Fr. 195.– pro Person.

AUSKUNFT: «Erlebnis Berg», 8777 Diesbach, Tel. 055 653 11 44.

St. Antönien GR — 45

RUDERPARTIE AUF 1870 M

Oasen abseits ausgetretener Pfade, Geheimtipps, die wirklich Geheimtipps sind, weil weder eine Autostrasse noch eine Bergbahn hinführen, Inseln der Ruhe – es gibt sie. Zum Beispiel in Form eines Bergsees, an dessen Ufer ein Boot auf Ruderer wartet. Das kleine Paradies liegt oberhalb von St. Antönien, hart an der österreichischen Grenze. Und ist nur zu Fuss erreichbar.

KULTUR

ABENTEUER

FAMILIE

JAHRESZEIT

St. Antönien GR

Platsch. Platsch. Platsch. Nur das leise Eintauchen der Ruder ist zu hören. Sonst nichts. Gar nichts. Doch, plötzlich ein paar schrille Pfiffe. Murmeltiere! Wahrscheinlich nähert sich ein Wanderer auf dem Pfad von Gruoben her. Aber niemand ist zu sehen. Dann herrscht wieder Stille am Partnunsee bis auf das regelmässige Platsch, Platsch, Platsch. Dann verstummt auch dieses feine Geräusch: Mitten im kleinen Bergsee darf man die Ruder ruhen und die Schönheit der Landschaft auf sich wirken lassen. Von den letzten Bäumen hat man sich auf Partnunstafel verabschiedet, die Baumgrenze liegt niedrig im Rätikon. Tiefrote Alpenrosen und dunkelgrüne Zwergsträucher säumen das Ufer, gehen über in braungrüne, kurzgrasige Weiden, gesprenkelt mit hellen Felsblöcken und gelbem Habichtskraut. Und darüber die fast

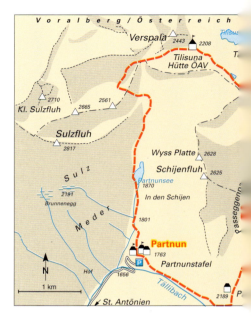

Einladung zur Bootspartie auf den Partnunsee

SERVICE

ANREISE: Mit der RhB nach Küblis (KB 910), von Küblis Postauto bis St. Antönien (KB 910.55), von St. Antönien ca. 1 Stunde 30 Minuten bis zur Alp Partnun. Mit dem Auto kann man bis Partnun fahren, muss aber in St. Antönien einen Parkschein für die markierten Parkplätze kaufen. Parkieren ausserhalb dieser Plätze ist verboten.

WANDERROUTE: Partnun – Tällibach – Weberlisch Höli – Plasseggenpass – Gruobenpass – Tilisunahütte – Tilisunafürggli – Gruoben – Partnunsee – Partnun. Wanderzeit 5 Stunden 30 Minuten, anspruchsvoll.

ALTERNATIVE MIT KINDERN: Von Partnun aus direkt zum See wandern, 30 Minuten und 110 Meter Steigung.

RUDERBOOT: Liegt fest vertäut am Ufer des Partnunsees und kann für Fr. 1.– (Kasse vor Ort) gemietet werden.

KARTE: Landeskarte der Schweiz 1:25 000, Blatt 1157 «Sulzfluh».

VERPFLEGUNG: Restaurants in St. Antönien, Berggasthäuser «Alpenrösli» und «Sulzfluh» auf Partnun, Tilisuna-Hütte (A).

AUSKUNFT: Ferienladen St. Antönien, 7246 St. Antönien, Tel. 081 332 32 33, www.st-antoenien.ch

TIPP: Ausweis nicht vergessen, da die Grenze überschritten wird.

EXTRASPASS: Im Berghaus Sulzfluh können Trottinetts für die Abfahrt nach St. Antönien gemietet werden.

AUSKUNFT: Berghaus Sulzfluh, Tel. 081 332 12 13, www.sulzfluh.ch

Alp Partnun und Sulzfluh

Tilisunafurgge

silbrig leuchtenden Kalkfelsen von Sulzfluh, Schijenflue, Wiss Platten. Wie schwarze Schatten wirken Höhlen in den lotrechten Wänden; hier lebten einst Höhlenbären, wie Knochenfunde bewiesen. Heute nisten Turmfalken in Felsnischen.

DIE RUHIGE RUDERPARTIE ist das «Dessert» nach einer langen Wanderung über Karstplateaus, Karrenfelder und Pässe in der Rätikonkette, die eine fantastische Aussicht ins Prättigau und das österreichische Gargellental erlauben. Dass man schon bald nach dem Start auf Partnun und dem Aufstieg entlang des Tällibaches die Grenze überschreitet, merkt man an unbemannten Grenzwachthäuschen und Tafeln, die darauf aufmerksam machen. Ausweise will niemand sehen in diesem unwegsamen Gelände. Dass oben keine Grenzwächter stehen, hatten sich in früheren Zeiten Schmuggler zu Nutzen gemacht. Und nicht nur das schwer zugängliche Gelände kam ihnen zu Gute. Die Karsthöhlen in den Felsen boten zusätzlich ideale Verstecke für

Was noch?

St. Antönien GR

den illegalen und mit grossem Eifer betriebenen Handel zwischen Österreich und der Schweiz.

ÖSTLICH VORBEI AN SCHIJENFLUE und Wiss Platten geht es über Karrenfelder zum Gruobenpass, wo ein Abstecher hinunter zur Tilisunahütte, drüben in Österreich, ansteht. Den feinen Apfelstrudel mit Vanillesauce auf 2208 m ü.M. sollte man sich genauso wenig entgehen lassen wie später die Ruderpartie auf dem Partnunsee. Die Mühe des Aufstiegs danach, mit vollem Bauch, zum Tilisunafürggli ist eine gute Rechtfertigung, oben eine längere Pause einzuschalten. Im Norden das Montafon mit Bergketten, die wie Wellen gegen den Horizont schwappen, im Westen, Osten und Süden strecken sich die rauen Gipfel des Rätikon in den blauen Himmel und blank polierte Felsplatten, Dolinen, Karst- und Karrenfelder erzählen von Gletscherkraft und Erosion.

DER ABSTIEG VOM TILISUNAFÜRGGLI stellt dann einige Ansprüche an Trittsicherheit und Kniegelenke. Man soll sich ja vor der «Abkürzung» hüten, denn diese führt in der Direttissima über Kalkplatten und Felsstufen. Einfacher und letztlich schneller ist der immer noch ziemlich steile Weg an den ehemaligen Schmugglerhöhlen vorbei zur Alp Gruoben und entlang der Sulzfluh zum Partnunsee, wo das Ruderboot wartet. Wer genug gerudert hat, spaziert in zwanzig Minuten hinunter zum altehrwürdigen Berggasthaus Sulzfluh, setzt sich auf die Sonnenterrasse und geniesst den Blick über das grüne, weite Tal von St. Antönien. Ursprünglich von Walsern kultiviert, tragen Landschaft und Dörfer ihren Stempel: Dunkle Holzhäuser, lose verstreut an den offenen Hängen, kleine Äcker und Weiden bis über die Baumgrenze hinauf und nur noch vereinzelte Waldreste dazwischen. Lauscht man in der Gaststube der «Sulzfluh» den Gesprächen der Einheimischen, hört man das Walsererbe in der Sprache. Der Dialekt ist unverwechselbar und unterscheidet sich klar vom Churer-Deutsch. Wer noch ein bisschen länger dasitzt, denkt irgendwann: Das ist genau der Ferienort, den ich so lange gesucht habe. Und bleibt.

 Das noch!

ALPINER BADESPASS

Für ein Bad ist der Partnunsee zu kalt. Und für eine Bootspartie ist das Schwimmbecken von Pany zu klein, obwohl es ganz ansehnliche Masse aufweist. Ideal ist die Kombination, die Ruderpartie auf dem Bergsee auf 1870 m ü.M. und der Badespass im Schwimmbad von Pany auf 1250 m ü.M. Verteilt über mehrere Sonnenterrassen oberhalb von Küblis und dem Schanielatobel, bietet Pany neben der Rundsicht aufs Prättigau einen intakten Ferienort abseits von Durchgangsverkehr und Hektik. Und eben dieses Schwimmbad zwischen dunklem Bergtannenwald, Bauernhäusern und Alpweiden, mit Blick hinüber nach Klosters, Parsenn und Weissfluh. Sich hier nach einer langen Wanderung oder einem gemütlichen Brunch in der Ferienwohnung in der Sonne ausstrecken, schwimmen, die schöne Umgebung und die gute Luft in vollen Zügen reinziehen: So kann ein Sommer in den Bergen sein! Geöffnet (je nach Wetterlage) Mitte Juni bis Ende August täglich 9–18 Uhr. Kiosk.

AUSKUNFT: Verkehrsverein Pany-Luzein, 7241 Pany, Tel. 081 332 16 04.

Scuol GR

46

IN EINEM ZUG INS BAD

Seit dem Bau des Vereina-Tunnels ist die Fahrt ins Unterengadin sehr viel kürzer geworden. Und seit der Einführung des «Aqualino», des Badezuges von Landquart nach Scuol, die Reise ins Bad nach Scuol bereits Teil der Entspannung, die in der modernen Bäderlandschaft und im heilenden Wasser des «Bogn Engiadina Scuol» die Gäste erwartet.

KULTUR

ABENTEUER

FAMILIE

JAHRESZEIT

Scuol GR

Luzius, Emerita, Bonifazius, Carola und Lischana heissen 5 der 25 Heilquellen, die im Unterengadin ihr heilkräftiges, salz-, kalium-, magnesium- und eisenhaltiges Wasser an die Oberfläche abgeben. Diesen Reichtum an Heilquellen verdankt das Tal einer geologischen Besonderheit, dem sogenannten «geologischen Fenster». Zwischen den Gneisschichten der Silvretta- und dem Dolomitgestein der S-charl-Decke wurde durch Erosion eine tiefe Schicht von Bündner Schiefer freigelegt. Durch diese Schieferschicht steigt Wasser aus der Tiefe auf und reichert sich auf dem Weg nach oben mit mineralischen Salzen und Säuren an. Bereits im 14. Jahrhundert wurden Wundergeschichten über das stark salzhaltige Quellwasser erzählt und im 19. Jahrhundert wurden, nach dem Bau einer Strasse über den Flüelapass und ins Unterenga-

Baden im Engadin

SERVICE

ANREISE: Mit dem «Aqualino» von Landquart nach Scuol-Tarasp, Landquart ab jeweils 9.48, Scuol-Tarasp an 11.15 Uhr. Rückweg: Scuol-Tarasp ab 16.45, Landquart an 18.14 Uhr. Auskunft an jedem Bahnhof oder bei der Rhätischen Bahn, Tel. 081 254 91 04, www.rhb.ch

ÖFFNUNGSZEITEN ENGADIN BAD SCUOL: Bäderlandschaft (6 Innen- und Aussenbäder, Solebad, Solarien, Liegeraum) täglich 9–22 Uhr, Kinder ab 11 Uhr (Kinder unter 10 Jahren nur in Begleitung Erwachsener). Saunalandschaft (3 Innen- und Aussensaunas, 3 Innen- und Aussenbecken, Dampfbad, Fusswärmebecken, Liege- und Ruheraum), Mo bis Mi, Fr–So 9–22 Uhr, Do 14–19 Uhr (gemischt). Kinder mit Eltern Mi, Sa, So 11–18 Uhr.

EINTRITT: Bäder- und Saunalandschaft Erwachsene Fr. 24.–, Kinder Fr. 17.–, Kinder 1–6 Jahre Fr. 5.–.

AUSKUNFT: Scuol Information, 7550 Scuol, Tel. 081 861 22 22, www.scuol.ch.

TIPP: Das Mineralwasser der Scuoler Quellen tritt kalt an die Oberfläche und wird mit Erdwärme und Wärmerückgewinnung auf die Badetemperatur von 36° erwärmt. Jeden Montag findet um 17 Uhr eine Führung durch die technischen Anlagen des «Bogn Engiadina Scuol» statt, Treffpunkt an der Kasse.

Wellness in der Berglandschaft

din, die Bäder für ein internationales Kurpublikum ausgebaut. Vulpera, Tarasp, Scuol waren zu magischen Namen für Kuren in den Alpen geworden.

VORNEHME TRINKHALLEN, BADEPALÄSTE und Palace-Hotels mit jeglichem Luxus entstanden im Bergdorf auf 1200 m ü.M. Doch im Laufe der Zeit verblasste der Ruhm ein bisschen. Andere Bade- und Kurorte, weniger abgelegen als das Unterengadin, lockten die Gäste an oder warben sie gar ab. Sowohl Ansprüche wie Bedürfnisse hatten sich im Laufe der letzten Jahrzehnte stark verändert. Wollte Scuol seinem guten Ruf gerecht bleiben, musste neuer Badespass angeboten werden. Die Verantwortlichen bewiesen Weitsicht: Mit der Eröffnung des «Bogn Engiadina Scuol» im Jahre 1993 war im Bade-, Kur- und Ferienort Scuol ein höchst attraktives Reiseziel entstanden.

Das moderne Freizeitbad

Was noch?

Scuol GR

IDEAL ERGÄNZEN SICH Badeanlagen, die von der Sonne verwöhnte alpine Landschaft und das sehr trockene, gesunde Klima des Tals. Entspannung findet der Gast in der grosszügigen Bäder- und Saunalandschaft, dem römisch-irischen Bad oder bei einer der vielen Therapieangebote wie Massagen, Fango oder Thalasso. Abwechslung bieten Panoramawanderungen auf Höhenwegen durch schön erhaltene Engadiner Dörfer mit ihren verzierten Häusern, Spaziergänge entlang des Inns, Mountainbike-Touren, Kletterkurse, Abstecher in den nahe gelegenen Nationalpark, ein Golfspiel in Vulpera, Kulturausflüge ins Münstertal. Langweile wird nie aufkommen, und jede Jahreszeit hat ihren speziellen Reiz. Und wer die äussere Mineralwasseranwendung im Bad durch eine Trinkkur vervollständigen möchte, wird nicht nur das stark salzhaltige Wasser wohl dosiert schlucken, sondern auch die 1876 erbaute, mit dunklem Marmor ausgekleidete Trinkhalle «Büretta» in Tarasp bewundern.

IN DER DUNKLEN JAHRESZEIT, die im Unterengadin mit seinen 305 Sonnentagen heller ist als anderswo, schätzt man die wohltuende Wirkung von warmen Bädern,

Bad Scuol

Sauna und Massage noch mehr. Ob man sich nun zum Après-Ski-Vergnügen ins Bad begibt oder nach einem erholsamen Wellnesstag nur einen Winterspaziergang über verschneite Höhen macht, spielt keine Rolle. Denn alles lässt sich einfach kombinieren: Langlauf, Schlittelspass, Carven, Snowboard-Rides. Und seit die Anreise ins Unterengadin dank des Vereina-Tunnels und des Badezugs Aqualino so schnell und einfach geworden ist, kann man immer wieder für einen Tag abtauchen in die Alpen.

 Das noch!

AUF WELLEN ODER FLÜGELN REITEN

Während die einen sich lieber dem sanften Schaukeln in den Bassins von «Engadin Bad Scuol» hingeben, reizen den andern Wellen, Walzen und Schnellen. Kein Problem, allen Wünschen gerecht zu werden, denn der Inn bietet im Unterengadin ein weites Spielfeld für Wasserabenteurer. Die Scuoler- und die Giarsunschlucht sind Wildwasserparadiese vom Aufregendsten und eine Raftingtour von Susch nach Ardez oder vorbei an Scuol ist nicht nur ein nasses, sondern auch ein unvergessliches Erlebnis. Aber vielleicht reicht der Nervenkitzel im Raft noch nicht ganz, höhere Höhenflüge sind angesagt: Am Gleitschirm, begleitet von einem erfahrenen Piloten, geht der Flug ab über Scuol und das Unterengadin.

AUSKUNFT: Engadin Adventure, 7550 Scuol, Tel. 081 861 14 19, www.engadinadventure.ch

Schweizer Nationalpark GR

47

VERSTECKTES MACUN

Hinter sieben Bergen gut versteckt und schwer zugänglich liegt auf 2600 m ü.M. Macun mit seinen 23 kristallklaren Gletscherseen. Seit August 2000 ist die knapp 4 km^2 umfassende Seenplatte Bestandteil der Kernzone des Schweizerischen Nationalparks. Eine Bereicherung, die noch viel mehr mit sich bringt als Gletscherseen.

KULTUR

ABENTEUER

FAMILIE

JAHRESZEIT

Schweizer Nationalpark GR

Grau, Schwarz, Braun, Weiss und Türkis sind die dominierenden Farben der von einer hohen Bergkette umgebenen Senke von Macun. Die Vegetation scheint auf den ersten Blick spärlich hier oben hoch über der Baumgrenze. Doch der erste Blick trügt, wie so oft. Denn auf dem sauren Untergrund des mineralienreichen Bodens gedeiht eine grosse Pflanzenvielfalt, alles Spezialisten, die die Höhe, die harten Winter und die Sommer, die sich an manchen Stellen auf wenige Wochen beschränken, lieben und genau diese Umgebung brauchen. So ist Macun der einzige Standort in den Schweizer Alpen, an dem der Zwerg-Hahnenfuss wächst!

DIESE EINZIGARTIGKEIT war es unter anderem, die die Seenplatte von Macun zu einem begehrten Kandidaten zur Erweiterung des 1914 gegründeten Schweizeri-

Lai Grond

SERVICE

ANREISE: Mit der Rhätischen Bahn von Landquart oder Chur bis Zernez (KB 940, 960) oder mit dem Postauto von Davos über den Flüelapass (KB 910.75).
WANDERROUTE: Zernez (1471 m ü.M.) – Munt Baselgia (2945 m ü.M.) – Macun (2624 m ü.M.) – Alp Zeznina-Dadaint (1958 m ü.M.) – Zeznina Dadoura (1817 m ü.M.) – Lavin (1412 m ü.M.). Die reine Wanderzeit beträgt 8 Stunden, die Wanderung erfordert Trittsicherheit und Kondition, gute Bergausrüstung ist Voraussetzung. Es besteht die Möglichkeit, die Wanderzeit um 2 Stunden zu verkürzen, denn in Zernez gibt es einen Taxidienst bis zur Waldgrenze unterhalb Munt Baselgia, Tel. 081 856 11 25.
JAHRESZEIT: Juli bis September.
VERPFLEGUNG: Restaurants nur am Anfang und am Ende der Tour in Zernez und Lavin. Genügend zu trinken mitnehmen.
AUSSTELLUNG: Im Nationalparkhaus in Zernez informiert eine moderne Dauerausstellung über Konzept, Geschichte, Natur und Entwicklung des Schweizerischen Nationalparks. Geöffnet Anfang Juni bis Ende Oktober täglich 8.30–18 Uhr, Di 8.30–22 Uhr. Eintritt Erwachsene Fr. 4.–, Kinder bis 16 gratis.
AUSKUNFT: Nationalparkhaus Zernez, Informationszentrum, 7530 Zernez, Tel. 081 856 13 78, www.nationalpark.ch

Gletscher-Hahnenfuss

schen Nationalparks machte. Auch wenn die Neuerwerbung klein ist, so ergänzt sie den Nationalpark um ein Gebiet mit einem total anderen Charakter. Auf Macun tritt das Grundgebirge mit metamorphen Gesteinen wie Gneis und Amphibolit an die Oberfläche, im Gegensatz zum Sedimentgestein in der ursprünglichen Kernzone. Das unterschiedliche Gestein hat nicht nur ein anderes Landschaftsbild zur Folge, sondern auch eine ganz andere Vegetation.
DIE UNZUGÄNGLICHKEIT des zwischen Lavin und Zernez in einem Felsenzirkus liegenden Tälchens war ein weiteres Argument. Hier kommt niemand zufällig vorbei, die Natur kann sich, da nun auch kein Vieh mehr die mageren Wiesen abweidet, frei entfalten. Die Bergwanderer jedoch, die den anspruchsvollen Bergweg von Zernez aus unter die Füsse nehmen, werden reich belohnt. Wer den Munt Baselgia auf 2945 m überwunden hat, sieht die 23 Seen wie auf einer Farbpalette vor sich ausgebreitet. Die

Val Zeznina

Was noch?

Schweizer Nationalpark GR

sich nach Norden neigende steilwandige Felswanne ist ein typisches Gletscherkar, das heisst, ein von einer Schwelle abgeriegelter Kessel, in dem ein Gletscher seinen Anfang nahm. Die Felsen sind abgehobelt und das feinkörnige, abgeschliffene Material, das sich an tieferen Stellen sammelte, bildete den Wasser undurchlässigen Untergrund für die vielen Seen. Heute ist kein Gletscher mehr erkennbar auf Macun – auf den ersten Blick. Denn es gibt ihn: Als graue Geröllzungen schieben sich Blockgletscher, bestehend aus Schutt und Eis, von den Steilhängen in die Ebene.

Macunseen, Blick Richtung Silvretta

WIE DICKE MIT FALTIGER Haut bedeckte Pratzen eines Urgetiers wirken die Schuttgletscher. Kein Wunder, mieden die Leute im Tal diese Mondlandschaft: Hier mussten Drachen hausen. Vieh sollen sie geraubt und in die Seen verschleppt und Jäger, die ihnen zu nahe gekommen waren, in Angst und Schrecken versetzt haben. Aber auch freundlichere Wesen fanden in der abgelegenen Seenlandschaft eine Zuflucht. Zwerge wohnen seit Urzeiten auf Macun, aber so zurückgezogen, dass man schon sehr, sehr viel Glück haben muss, einen anzutreffen. Grösser ist die Wahrscheinlichkeit, einem Schneehuhn oder einem Steinbock, der Macun auch den Namen gegeben hat, zu begegnen.

Das noch!

STEINBOCK, ADLER, GÄMSE

Wer im Nationalpark Tiere sehen will, sollte früh aufstehen. Und genau wissen, wann sich welche Tiere wo aufhalten. Am besten kennen sich natürlich die Nationalpark-Wächter aus. Sie wissen, wo Bartgeier, Adler, Rothirsche und Gämsen zu finden sind. Eine Wanderung unter sachkundiger Führung garantiert ein tolles Naturerlebnis. Regelmässig organisieren Nationalparkmitarbeiter Touren ins Val Trupchun, der «Serengeti der Alpen», zu den Bartgeier-Horsten bei Margunet und ins Val Mingèr. Sie machen nicht nur auf Tiere aufmerksam, die man als Laie leicht übersehen könnte, sondern benennen auch Gesteine und Alpenblumen.

AUSKUNFT: Nationalparkhaus Zernez, Tel. 081 856 13 78, www.nationalpark.ch

Davos GR 48

SILBER, GLIMMER, BUNTE STEIN[E]

Die steile Schlucht des Landwassers kennen die meisten nur flüchtig von der spektakulären Eisenbahnfahrt her. Beim Blick in die Tiefe mischen sich Bewunderung mit leichtem Schaudern. So richtig lässt sich diese beeindruckende und geologisch hoch interessante Landschaft jedoch erst zu Fuss entdecken. Ein Gesteinslehrpfad hilft einordnen, was sich in den Felswänden zeigt.

KULTUR

ABENTEUER

FAMILIE

JAHRESZEIT

Davos GR

Fährt man von Davos Richtung Südwesten, verändert sich der Landschaftscharakter abrupt. Die Seitenflanken des freundlichen, sonnigen Hochtals rücken immer näher zusammen, die Wiesen und Weiden ziehen sich zurück unter dichten Tannenwald, die Bahn verschwindet in Tunnels, von denen sie auf atemberaubend hohe Viadukte wechselt und die Strasse windet sich in engen Kurven zwischen Felswänden, Steilhängen und schmalen Geländeterrassen. Die Zügenschlucht, die ihren Namen wegen der vielen Lawinenzüge erhalten hat, die von nackten Bergflanken in die Schlucht donnern, zeigt sich auf den ersten Blick eher verschlossen und düster. Doch Farbe gibt es reichlich: rote, grüne, schwarze, silbrig leuchtende, goldig glänzende, sandfarbene, weisse Gesteinsschichten gehen ineinander über, Felsfal-

Faszinierende Stollenwelt am Silberberg

SERVICE

ABREISE: Mit der Rhätischen Bahn ab Davos oder Filisur bis Davos-Monstein (KB 915) oder mit dem Postauto (KB 900.86).

WANDERROUTE: Station Monstein – Schmelzboden – Zügenschlucht – Bärentritt (Känzeli) – Station Wiesen. Wanderzeit Gesteinslehrpfad ca. 1½ Stunden. Der Gesteinslehrpfad ist signalisiert.

KARTE: Landeskarte der Schweiz 1:25000, Blatt 1216 «Filisur».

WEITERWANDERN: An den Gesteinslehrpfad schliesst ein Waldlehrpfad an. Faszinierend ist die Wanderung weiter durch die Zügenschlucht bis nach Alvaneu-Bad, wo das Landwasser in die Albula fliesst.

VERPFLEGUNG: Restaurants in Monstein, Schmelzboden, Wiesen und Alvaneu.

AUSKUNFT: Faltplan des Gesteinslehrpfades ist erhältlich bei: Davos Tourismus, Promenade 67, 7270 Davos Platz, Tel. 081 415 21 21. www.davos.ch

TIPP: Bei Wanderungen in Schluchten immer Bergschuhe mit gutem Profil tragen, die Wege sind oft rutschig. Weg offen von ca. Mai bis Oktober.

Im Andreasstollen

Die Stolleneingänge sind gut versteckt

tungen und Abbrüche bilden einen bunten Streifenteppich.

DIE LANDSCHAFT DAVOS gehört zu den geologisch interessantesten Gebieten der Ostalpen. Während der Alpenfaltung vor 60 Millionen Jahren wurden mächtige Gesteinsmassen gefaltet, nach Norden verfrachtet, ältere über jüngere Gesteinsschichten verschoben. Die unterschiedlichen Gesteinsarten zeigen sich an den Bergzügen rund um Davos, und entlang des Gesteinslehrpfads in der Zügenschlucht werden einzelne vorgestellt. Jeder Felsblock am Wanderweg auf der alten Strasse durch die Zügenschlucht, die heute nur noch Fussgängern und Bikern dient, ist mit einem Metalltäfelchen versehen. So erfährt man, dass das auffällige rote Gestein Radiolarit ist, ein dunkelgrün-schwarzer Brocken aus Serpentinit und der graugrüne

Was noch?

Davos GR

Stein mit den feinen Kristallen aus vulkanischem Quarzporphyr besteht. Der Prospekt mit der Wanderroute enthält noch viele zusätzliche Informationen, erklärt den Unterschied von verschiedenen Gneisarten, weist auf Dolomit und Buntsandsteinvorkommen hin und zeigt auf einer Übersichtskarte, wo welches Gestein in der Davoser Landschaft vorkommt.

WO DER UNTERGRUND SO VIELFÄLTIG ist, finden sich immer auch Erze. Bei Monstein können heute noch die alten Bergbaustollen und Einrichtungen des Silberbergwerkes, in dem in erster Linie Blei und Zink gewonnen wurden, besichtigt werden. Rund 30 000 Tonnen Erz wurden vom Mittelalter bis zum endgültigen Aus der Abbautätigkeit um 1850 bei Schmelzboden gewonnen und verarbeitet. Von den ehemaligen Knappenhäusern und Schmelzöfen ist kaum noch etwas zu sehen, erhalten geblieben sind aber einige Stollen, die besichtigt werden können.

FASZINIEREND IST DIE WANDERUNG durch die Zügenschlucht nicht nur wegen der erlebbaren Erdgeschichte, sondern auch wegen der verkehrstechnischen Bauten. Während die alte Strasse bis hinunter zur Landwasser führt, verläuft die neue Kantonsstrasse zum grossen Teil in der Höhe und durch Tunnels, während die Eisenbahn, 1909 fertig gestellt, auf imposanten Viadukten immer wieder von einer Talseite zur anderen wechselt. Die ideale Ergänzung zur Wanderung ist deshalb die Bahnfahrt von Filisur nach Davos, die die Zügenschlucht wieder aus einer anderen Optik erleben lässt.

 Das noch!

AUSFLUG UNTER TAG

Die Schweiz ist nicht gerade für ihren Rohstoffreichtum bekannt. Es gab jedoch in vielen Regionen Bergbauunternehmen, die mit mehr oder weniger Gewinn während Jahrhunderten nach Erzen und Bodenschätzen gruben. Ganz spannend ist der Besuch des Bergbaumuseums Graubünden in Schmelzboden bei Davos Monstein und der Besuch des Schaubergwerkes am Silberberg. Von 1500 bis 1700 und dann wieder im 19. Jahrhundert wurde hier in grossem Massstab blei- und zinkhaltiges Gestein abgebaut. Eine Führung in die Welt unter Tag begeistert Erwachsene wie Kinder. Öffnungszeiten des Museums: Mitte Juni bis Mitte Oktober jeweils Mi und Sa Nachmittag, Führungen auf Anmeldung.

AUSKUNFT: Davos Tourismus, 7270 Davos Platz, Tel. 081 415 21 21.

Bündner Bergbaumuseum, Schmelzboden

Sur GR 49

VERFLIXT SCHÖN

Hochmoore, klare Bergseen, Heuwiesen, Bergföhrenwälder, Walserhäuser – die Alp Flix auf einer Sonnenterrasse hoch über dem Talboden des Surses gelegen, ist eine Kulturlandschaft von besonderer Schönheit und eine geschützte Moorlandschaft von nationaler Bedeutung. Die Wanderung in einem der etwas unbekannteren Bündnertäler ist eine echte Entdeckung.

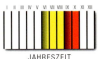

Sur GR

Die Namen schmelzen auf der Zunge: Salouf, Tinizong, Savognin, Mulegns, Marmorera. Es sind romanische Ortsnamen im Surses, zu deutsch Oberhalbstein, dem Tal der Julia, das sich vom Julierpass bis zum Zusammenfluss mit der Albula bei Tiefencastel hinzieht. Die weite Landschaft mit den dunklen Wäldern und hellen, grosszügigen Ebenen dazwischen, auf denen sich die weissen Häuser der Dörfer um den Kirchturm drängen, wird gesäumt von Alpenterrassen mit Gruppen von dunklen Hütten und Ställen und hohen, beeindruckenden Bergen, von denen die meisten die 3000er-Höhenlinie überragen. Es war der Maler Giovanni Segantini, der als Erster die Schönheit dieses Bergtals entdeckte und während seiner acht Jahre in Savognin immer wieder dörfliche Szenen, Alpweiden und Berge rund um Savognin

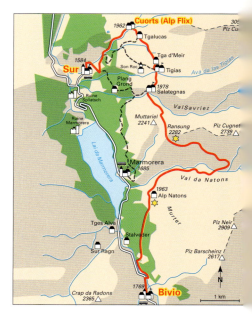

Alpine Bündner Seenlandschaft

SERVICE

ANREISE: Mit dem Postauto von Tiefencastel (KB 900.85) oder St. Moritz (KB 900.84) nach Bivio. Von Sur Postauto zurück nach Bivio oder nach Savognin/Tiefencastel.
WANDERROUTE: Bivio – Alp Natons – Salategnas – Alp Flix/Cuorts – Tgacrest – Sur. Zeitbedarf ca. 4 Stunden 30 Minuten. Gute Wanderwege, aber Bergausrüstung empfehlenswert.
KARTE: Landeskarte der Schweiz 1:25 000, Blatt 1215 «Thusis».
VERPFLEGUNG: Restaurants in Bivio, Berghaus Piz Platta auf der Alp Flix (Tigias) mit Übernachtungsmöglichkeit (Tel. 081 684 51 22), Restaurant/Hotel Alp Flix in Sur.
AUSKUNFT: Savognin Tourismus, Stradung, 7460 Savognin, Tel. 081 659 16 16, www.savognin.ch

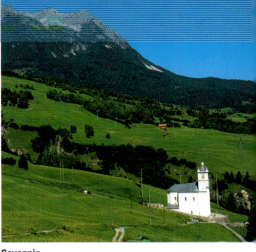

Savognin

malte. Und nicht nur die Landschaft hatte es ihm angetan, sondern auch das klare, schimmernde Licht im Wechsel der Jahreszeiten.

STILL UND IN SICH gekehrt wirkt das Tal, und doch war es über Jahrhunderte eine der wichtigsten Transitverbindungen zwischen Süd und Nord. Bei Bivio gabelt sich die Strasse zu den Passrouten über den Septimer ins Bergell und den Julier ins Engadin. Zur Zeit der Römer waren diese beiden Pässe die Hauptader zwischen Nord und Süd, und die Septimerroute wurde von den deutschen Kaisern gar zur Reichsstrasse ernannt. Heute haben andere Pässe die Transitaufgabe übernommen, der Julierpass ist nur noch Zubringer zum Oberengadin und der Weg über den Septimer ist zur Wanderroute auf historischem Saumpfad geworden.

VON BIVIO AUS FÜHRT eine andere Wanderroute auf die schönste und aussergewöhnlichste Alp des Surses. Die Alp Flix, ein ausgedehntes Hochplateau auf 2000 m ü.M. ist nicht nur eine Moorlandschaft von besonderer Schönheit und nationaler Bedeutung, sondern auch das Resultat jahrhundertealter Bewirtschaftung und Kulti-

Kirche Son Martegn, Savognin

Was noch?

Sur GR

vierung. Vor 10 000 Jahren modellierte der Berninagletscher diese weite Alpmulde, die von Seitenmoränen begrenzt ist. Schmelzwasser sammelte sich in Tümpeln und Seen und im Laufe der Jahrtausende verwandelten sie sich in Moore. Durch natürliche Einflüsse und landwirtschaftliche Nutzung – im 14. Jh. besiedelten die Walser die Alp und seither ist sie Weideland – entstand eine Landschaft mit offenen Hoch- und Flachmooren und den idyllischen Seen Lai Neir und Lais Blos, in denen sich das hügelige Weideland, Schilf, dunkle Bergföhren und helle Lärchen spiegeln. Die beeindruckende Kulisse im Osten des Hochplateaus bilden Piz d'Err und Piz Calderas, Tschima da Flix, auf der gegenüberliegenden Talseite erhebt sich der majestätische Piz Platta über weissgezackten Gipfeln und Graten, Gletschern und Fels.

DIE EHEMALIGEN WALSERSIEDLUNGEN Salategnas, Tigias, Tga d'Meir, Tgalucas und Cuorts sind seit langem kleine Ferendörfer, nur wenige Familien leben während des ganzen Jahres auf der Alp, aber es gibt neben den fünf Landwirtschaftsbetrieben immer noch eine kleine Schule, zwei Hotels und einen Lebensmittelladen. Die Ruhe und die Stille der grandiosen Berglandschaft konnte bewahrt werden. Pläne aus den Sechzigerjahren, hier oben eine Ferienstadt mit 10 000 Betten zu errichten, wurden zum Glück schubladisiert. Es führt keine Bahn hinauf zur Alp Flix und die Fahrwege sind an sich nur für die Einheimischen gedacht. So ist den Wanderern eine wunderschöne Naturlandschaft, die von den Bauern jedoch über Jahrhunderte mit traditioneller Weidewirtschaft geprägt wurde, erhalten geblieben.

Das noch!

SAVOGNIN

Unter dem Wald «Sot Got» liegen die drei Ortsteile von Savognin, die heute aber kaum noch als separate Häusergruppen erkennbar wären, gäbe es nicht zu jedem Ortsteil eine separate Kirche. Da ist einmal die katholische Pfarrkirche Mariä Empfängnis, 1632 bis 1641 erbaut mit schönen barocken Wandmalereien. Aus der gleichen Zeit stammt die katholische Kirche St. Michael und 1677 wurde anstelle einer romanischen Vorgängerin die Kirche St. Martin gebaut, die im Inneren ebenfalls bedeutende Barockmalereien aufweist. Sehenswert sind vor allem die Paradiesdarstellung in der Kuppel, ein Werk des Barockkünstlers Carlo Nuvolone, und das himmlische Jerusalem. Einen Besuch lohnt auch das Museum Regiunal in Savognin, eingerichtet in einem Surseser Bauernhaus.

Hochmoor Alp Flix

AUSKUNFT: Savognin Tourismus, Stradung, 7460 Savognin, Tel. 081 659 16 16, www.savognin.ch

Poschiavo GR

BLAUES WUNDER SAOSEO

Für gewisse Landschaften reicht der Vorrat an Superlativen einfach nicht ganz aus. Das Val di Campo, oberstes Seitental des Puschlavs zwischen Berninapass und Le Prese, ist einfach so schön, dass jede Beschreibung kitschig klingen würde. Und wer das Blau des Saoseo-Sees auf Fotos sieht, wird misstrauisch. Hat da das Labor in die Trickkiste gegriffen? Nein, die Natur!

KULTUR

FAMILIE

JAHRESZEIT

Poschiavo GR

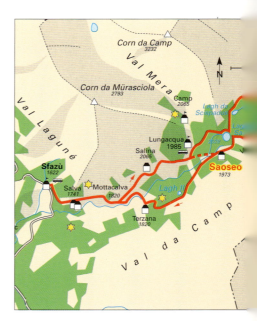

Die Anreise ist bereits ein Erlebnis der besonderen Art: Mit der Rhätischen Bahn von Pontresina hinauf auf den Berninapass, dort umsteigen aufs Postauto bis zum Halt Sfazù unterhalb des Passes und dann zu Fuss oder im Minibus weiter. Stufe um Stufe geht es auf dem schmalen Natursträsschen durch hellen Lärchenwald hinauf in die Höhe des Val di Campo oder, im Puschlaver Dialekt, Val da Camp. Sfazù liegt bereits auf 1622 m ü.M., und relativ mühelos steigt man hinauf auf 2000 m ü.M. Auf den offenen Alpweiden bilden die Steinhäuser helle Gruppen, und ab und zu entdeckt man noch eines der urtümlichen, aus unbehauenen Steinen gefügten Kühlhäuschen. Bei Lungaqua muss man sich entscheiden: auf dem Strässchen hinauf zur Alp Camp oder auf dem Wanderweg direkt zum Lagh da Saoseo? Wir empfehlen die

Der zauberhafte Saoseo-See

SERVICE

ANREISE: Mit der RhB bis Bernina Hospiz (KB 950), Postauto bis Sfazù (KB 950.40), evtl. mit Minibus bis Alpe Campo (KB 950.42).

WANDERROUTE: Sfazù – Salina – Lungaqua – Alpe Campo – Lagh da Val Viola – Lagh Saoseo – Sfazù. Zeitbedarf Rundwanderung 5 Stunden 10 Minuten. Mit Kindern empfehlenswert: Bis Alpe Campo mit dem Postauto fahren, das erspart zwei Stunden Aufstieg.

KARTE: Landeskarte der Schweiz 1:25 000, Blatt 1278 «La Rösa».

JAHRESZEIT: Der Bus zur Alpe Campo fährt von Mitte Juni bis letzte Oktoberwoche. In dieser Zeit ist auch das Restaurant oben bewirtet.

VERPFLEGUNG: RIstorante Sfazù, SAC-Hütte Saoseo bei Lungaqua (Übernachtungsmöglichkeit, Tel. 081 844 07 66), Ristorante Alpe Campo (Matratzenlager, Tel. 081 844 04 82, www.valdicampo.ch).

AUSKUNFT: Ente turistico Valposchiavo, 7742 Poschiavo, Tel. 081 844 05 71, www.valposchiavo.ch.

Blick übers Puschlav

Ristorante Alpe Campo

erste Variante, und zwar aus zwei Gründen: Nach dem Aufstieg ist eine längere Pause im wunderschön gelegenen Ristorante Alpe Campo sehr willkommen. Und zweitens wirkt der Saoseo-See, steigt man von oben her durch den Arvenwald hinunter und erblickt plötzlich zwischen den Bäumen die unglaublich kobaltblaue Wasseroberfläche, wie ein Naturwunder.

AUF DER ALP CAMP darf man sich ruhig alle Zeit für eine Pause nehmen und die Aussicht bewundern. Corno di Dosde, Scima da Saoseo und Piz dal Teo bilden eine schroffe, ausgefranste und unnahbare Gratlinie, gleichzeitig sind sie die Grenze zu Italien. Den sanften Gegenpunkt setzen die Arvenwälder, die im Val di Campo bis auf 2200 m ü.M. reichen. Gestärkt von Aussicht und Zwischenverpflegung geht es auf schmalem Wanderpfad über die nächste Geländestufe zum Lagh da Val Viola. Wurzeln, mit verschiedenfarbigen Flechten überzogene Granitblöcke, Sumpfpartien und ab und zu ein Bach teilen den Weg mit den Bergsteigern. Gut beraten ist, wer mindestens solide, wasserfeste Trekkingschu-

Was noch?

Poschiavo GR

he an den Füssen trägt! Und dann öffnet sich die weite Mulde des Val Viola, in dessen Mitte wie ein dunkelviolettes Auge der Lagh da Val Viola dämmert. Alpweiden, locker bestückt mit Lärchen und Arven und bestreut mit Granitblöcken, ziehen sich sanft hinunter zum See. Hier findet man leicht ein Plätzchen für die ausgedehnte Mittagsrast, streckt die Füsse ins kalte Wasser oder kraxelt in den Granitfelsen am Nordufer herum. Sowohl der Lagh da Val Viola wie der Lagh da Saoseo sind das Resultat eines gewaltigen Erdrutsches von der Flanke der Scima da Saoseo, der den Abfluss des kleinen Tals verbarrikadierte.

BEIM ABSTIEG ZUM SAOSEO-SEE verliert sich der Weg plötzlich beim wildromantischen kleinen Lagh da Scispadus, in dessen schwarzem Wasser sich knorrige Arven spiegeln. Doch am anderen Ufer weist eine weissrote Markierung den weiteren Weg. Es ist echtes Bergsturzgebiet, Felsbrocken türmen sich zu Barrieren auf, und der Pfad schlängelt sich dazwischen hinunter zum Lagh da Saoseo. Und plötzlich ist er da, blinkt zwischen den Ästen hindurch. Man glaubt an eine optische Täuschung, so intensiv türkis leuchtend ist das Wasser. Natürlich spiegeln sich auch der Himmel und die Wolken im See, die Felsen, Arven und Gipfel, aber über allem dominiert Grünblau. Es gibt eine prosaische Erklärung für die Farbe: gelöstes Silikatgestein soll dafür verantwortlich sein. Aber das interessiert im Moment wenig. Es ist ganz einfach wunderschön, am Ufer zu sitzen und zu staunen. Und die schönen Bilder dann mitzunehmen auf den Heimweg, mit dem festen Vorsatz: Hierher werde ich wieder kommen.

 Das noch!

POSCHIAVO

Das Puschlav im Spannungsfeld zwischen den Gletschern des Oberengadins und den Obstgärten, Weinbergen und Palmen des Veltlins ist eine Ferienregion von besonderem Reiz. Alpines und Südliches mischt sich perfekt, an einem Tag lockt eine Hochgebirgstour, am nächsten die Weindegustation. Der Hauptort Poschiavo, dessen Altstadt durch die Unwetterkatastrophe von 1987 fast völlig zerstört worden war, ist wieder schmuck und noch attraktiver als vorher aufgebaut worden. Sehenswert sind der Hauptplatz, eine sehr südlich wirkende Piazza, mit der grossen Kirche San Vittore, dem Oratorio Sant'Anna, dem fast wie eine Festung gebauten Rathaus und dem traditionsreichen Hotel Albrici, erbaut 1682. Den südlichen Abschluss von Poschiavo bildet das Spaniolenviertel, eine herrschaftliche Villenzeile. In der zweiten Hälfte des 19. Jh. bauten sich Poschiaver Emigranten, die in Spanien reich geworden waren, diese «Alterssitze» in der Heimat.

Poschiavo

AUSKUNFT: Ente turistico Valposchiavo, 7742 Poschiavo, Tel. 081 844 05 71, www.valposchiavo.ch.